Johann Gottfried Herder

Johann Gottfried Herders zwei Preisschriften,

welche die von der Königl. Akademie der Wissenschaften für die Jahre 1770 und 1773 gesetzten Preise erhalten haben

Johann Gottfried Herder

Johann Gottfried Herders zwei Preisschriften,
welche die von der Königl. Akademie der Wissenschaften für die Jahre 1770 und 1773 gesetzten Preise erhalten haben

ISBN/EAN: 9783744677271

Hergestellt in Europa, USA, Kanada, Australien, Japan

Cover: Foto ©Thomas Meinert / pixelio.de

Weitere Bücher finden Sie auf **www.hansebooks.com**

J. G. Herders

zwei

Preisschriften

welche die

von der Königl. Akademie der Wissenschaften

für die Jahre 1770 und 1773.

gesetzten Preise

erhalten haben.

I. Abhandlung über den Ursprung der Sprache.

II. Ursachen des gesunknen Geschmacks bei den verschiedenen Völkern, da er geblühet.

Zweite berichtigte Ausgabe.

Berlin, 1789.

bei Christian Friedrich Voß und Sohn.

Voranmerkung

zur

zweiten berichtigten Auflage.

Die Berichtigung, die auf dem Titelblatt dieser Auflage bemerkt worden, konnte nach der Veranlassung und nach andern Umständen dieser Schriften mehr ihre Schreibart und Interpunktion, als den Inhalt selbst betreffen, den sie abhandeln. Als Preisschriften, die auf Befehl einer Königlichen Akademie herausgegeben worden, mußten sie in jedem Wesentlichen völlig unverändert bleiben; und es hätte dem Verfasser, der in Absicht ihrer ebensowohl nur Leser ist, wie jeder andre Leser, höchstens freigestanden, in besondern Anmerkungen kund zu thun, wo er seitdem hie und da

 seine

seine Meinung geändert habe. Da aber dieses oft zu weit geführt hätte, und dem Leser, der in solchem Fall immer eine doppelte Schrift lesen muß, eher beschwerlich, als angenehm gewesen wäre: so ward eine Berichtigung, oder eine neue Bestätigung und Erweiterung des Inhalts etwa einer andern Gelegenheit aufgesparet; und der Verfasser begnügte sich nur, die Schreibart ebner und deutlicher, hie und da auch richtiger und sanfter zu machen: sofern auch dies geschehen konnte, ohne der Schrift selbst etwas von dem Gepräge zu nehmen, in welchem sie einmal geformt war. Auch dies indeß hat Mühe gekostet; und jeder Kenner der Sache sowohl als der Schreibart wird den Werth dieser Mühe desto nachsehender schätzen, je richtiger er ihn einsieht.

Weimar, den 28sten Jul. 1788.

Herder.

I.

Abhandlung über den Ursprung der Sprache.

Vocabula sunt notæ rerum.
Cicero.

Erster Theil.

Haben
die Menschen,
ihren Naturfähigkeiten überlassen,
sich selbst
Sprache
erfinden können?

Erster Abschnitt.

Schon als Thier, hat der Mensch Sprache. Alle heftige, und die heftigsten unter den heftigen, die schmerzhaften Empfindungen seines Körpers, so wie alle starke Leidenschaften seiner Seele, äußern sich unmittelbar durch Geschrei, durch Töne, durch wilde, unartikulirte Laute. Ein leidendes Thier sowohl, als der Held Philoktet, wenn es der Schmerz anfällt, wird wimmern! wird ächzen! und wäre es gleich verlassen, auf einer wüsten Insel, ohne Anblick, Spur und Hoffnung eines hülfreichen Nebengeschöpfes. — Es ist, als obs freier athme, indem es dem brennenden, geängstigten Hauche Luft giebt; es ist, als obs

 einen

einen Theil seines Schmerzes verseufze, und aus dem leeren Luftraum wenigstens neue Kräfte zum Verschmerzen in sich ziehe, indem es die tauben Winde mit Aechzen füllet. So wenig hat uns die Natur als abgesonderte Steinfelsen, als egoistische Monaden geschaffen! Selbst die feinsten Saiten des thierischen Gefühls (ich muß mich dieses Gleichnisses bedienen, weil ich für die Mechanik fühlender Körper kein besseres weiß) — selbst die Saiten, deren Klang und Anstrengung gar nicht von Willkühr und langsamem Bedacht herrühren, ja deren Natur noch von aller forschenden Vernunft nicht hat erforscht werden können, selbst die sind in ihrem ganzen Spiele, auch ohne das Bewußtsein fremder Sympathie, zu einer Aeußerung auf andre Geschöpfe gerichtet. Die geschlagne Saite thut ihre Naturpflicht: sie klingt; sie ruft einer gleichfühlenden Echo, selbst wenn keine da ist, selbst wenn sie nicht hoffet und wartet, daß ihr eine antworte.

Sollte die Physiologie je so weit kommen, daß sie die Seelenlehre demonstrirte (woran

ich

ich aber sehr zweifle): so würde sie dieser Erscheinung manchen Lichtstrahl aus der Zergliederung des Nervenbaues zuführen; sie würde solche aber auch vielleicht in einzelne, zu kleine und stumpfe Theile vertheilen. Lasset sie uns itzt im Ganzen, als ein helles Naturgesetz annehmen: „Hier ist ein empfindsames Wesen, das keine seiner lebhaften Empfindungen in sich einschließen kann; das im ersten überraschenden Augenblick, selbst ohne Willkühr und Absicht, jede durch Laute äußern muß.„ Das war gleichsam der letzte mütterliche Druck der bildenden Hand der Natur, daß sie allen das Gesetz auf die Welt mitgab: „empfinde nicht für dich allein; sondern dein Gefühl töne!„ Und da dieser letzte schaffende Druck auf alle von Einer Gattung Einartig war; so ward dies Gesetz Segen: „deine Empfindung töne deinem Geschlecht Einartig, und werde also von Allen, wie von Einem, mitfühlend vernommen!„ Nun rühre man es nicht an, dies schwache, empfindsame Wesen! So allein und einzeln und jedem feindlichen Sturme des

Weltalls

Weltalls es ausgesetzt scheinet; so ists nicht allein: es steht mit der ganzen Natur im Bunde. Es ist zartbesaitet; aber die Natur hat in diese Saiten Töne verborgen, die, gereizt und ermuntert, wieder andre gleich zartgebaute Geschöpfe wecken, und, wie durch eine unsichtbare Kette, einem entfernten Herzen Funken mittheilen können, für dies ungesehene Geschöpf zu fühlen. — **Diese Seufzer, diese Töne sind Sprache. Es giebt also eine Sprache der Empfindung, die unmittelbares Naturgesetz ist.**

Daß der Mensch sie ursprünglich mit den Thieren gemein habe, bezeugen jetzt freilich mehr gewisse Reste, als volle Ausbrüche; allein auch diese Reste sind unwidersprechlich. — Unsre künstliche Sprache mag die Sprache der Natur so verdränget, unsre bürgerliche Lebensart und gesellschaftliche Artigkeit mag die Fluth und das Meer der Leidenschaften so gedämmet, ausgetrocknet und abgeleitet haben, als man will; der heftigste Augenblick der Empfindung, wo und wie selten er sich auch finde, nimmt noch immer sein Recht

wieder,

wieder, und tönt in seiner mütterlichen Sprache unmittelbar durch Accente. Der auffahrende Sturm einer Leidenschaft, der plötzliche Ueberfall von Freude oder Frohheit; Schmerz und Jammer, wenn sie tiefe Furchen in die Seele graben; ein übermannendes Gefühl von Rache, Verzweiflung, Wuth, Schrecken, Grausen u. s. w. alle kündigen sich an, und jede Ankündigung ist nach ihrer Art verschieden. So viel Gattungen von Fühlbarkeit in unsrer Natur schlummern, so viel auch Tonarten —— Ich merke also an, daß je weniger die menschliche Natur mit einer Thierart verwandt; je ungleichartiger sie mit ihr am Nervenbaue ist: destoweniger ist ihre Natursprache uns verständlich. Wir verstehen als Erdenthiere das Erdenthier besser, als das Wassergeschöpf; und auf der Erde das Heerdethier besser, als das Waldgeschöpf; und unter den Heerdethieren die am meisten, die uns am nächsten kommen. Nur daß freilich auch bei diesen, Umgang und Gewohnheit das Beste thun müssen. Es ist natürlich, daß der Araber, der mit seinem Roß

gleich-

gleichsam nur Ein Stück ausmacht, es mehr verstehe, als der, der zum Erstenmal ein Pferd beschreitet; er spricht mit ihm fast so gut, als Hektor in der Iliade mit den Seinigen sprechen konnte. Der Araber in der Wüste, der nichts Lebendiges um sich hat, als sein Kameel, und etwa den Flug umirrender Vögel, kann leichter jenes Natur verstehen und das Geschrei dieser zu verstehen glauben, als wir in unsern Behausungen. Der Sohn des Waldes, der Jäger, versteht die Stimme des Hirsches, und der Lappländer seines Rennthiers — Doch alles das folgt, oder ist Ausnahme. Eigentlich ist diese Sprache der Natur eine Völkersprache für jede Gattung unter sich, und so hat auch der Mensch die Seinige. — —

Nun sind freilich diese Töne sehr einfach; und wenn sie artikulirt, und als Interjektionen aufs Papier hinbuchstabiert werden; so haben die entgegengesetztesten Empfindungen fast Einen Ausdruck. Das matte Ach! ist sowohl Laut der zerschmelzenden Liebe, als der sinken-

sinkenden Verzweiflung; das feurige O! ist sowohl Ausbruch der plötzlichen Freude, als der auffahrenden Wuth, der steigenden Bewunderung, als des zuwallenden Bejammerns. Allein sind denn diese Laute da, um als Interjektionen aufs Papier gemalt zu werden? Die Thräne, die in diesem trüben, erloschnen, nach Trost schmachtenden Auge schwimmt — wie rührend ist sie im ganzen Gemälde des Antlitzes der Wehmuth! Nehmet sie allein, und sie ist ein kalter Wassertropfe; bringet sie unter das Mikroskop, und — ich will nicht wissen, was sie da sein mag. Dieser ermattende Hauch, der halbe Seufzer, der auf der vom Schmerz verzognen Lippe so rührend stirbt — sondert ihn ab von allen seinen lebendigen Gehülfen, und er ist ein leerer Luftstoß. Kanns mit den Tönen der Empfindung anders sein? In ihrem lebendigen Zusammenhange, im ganzen Bilde der wirkenden Natur, begleitet von so vielen andern Erscheinungen, sind sie rührend und gnugsam; aber von allen getrennet, herausgerissen, ihres Lebens beraubet, freilich nichts als Ziffern. Die Stimme

der

der Natur wird damit ein gemalter, willkührlicher Buchstabe. — — Wenig sind dieser Sprachtöne freilich; allein die empfindsame Natur, sofern sie bloß mechanisch leidet, hat auch weniger Hauptarten der Empfindung, als unsre Psychologieen der Seele als Leidenschaften anzählen oder andichten. Nur jedes Gefühl ist in solchem Zustande, je weniger in Fäden zertheilt, ein um so mächtiger anziehendes Band: die Töne reden nicht viel, aber stark. Ob der Klageton über Wunden der Seele oder des Körpers wimmere? ob dieses Geschrei von Furcht oder Schmerz erpreßt werde? ob dies weiche Ach sich mit einem Kuß oder einer Thräne an den Busen der Geliebten drücke? — alle solche Unterschiede zu bestimmen, war diese Sprache nicht da. Sie sollte zum Gemälde hinrufen; dies Gemälde wird schon vor sich selbst reden. Sie sollte tönen, nicht aber schildern. — Ueberhaupt gränzen nach jener Fabel des Sokrates Schmerz und Wollust an einander. Die Natur hat in der Empfindung ihre Enden zusammengeknüpft; und was kann also die Sprache der Empfindung

dung anders, als solche Berührungspunkte zeigen? — — — Jetzt darf ich anwenden.

In allen ursprünglichen Sprachen tönen noch Reste dieser Naturtöne; nur freilich sind sie nicht die Hauptfäden der menschlichen Sprache. Sie sind nicht die eigentlichen Wurzeln, aber die Säfte, die die Wurzeln der Sprache beleben.

Eine feine, spät erfundne metaphysische Sprache, die von der ursprünglichen Muttersprache des menschlichen Geschlechts eine Abart vielleicht im vierten Gliede ist, und nach langen Jahrtausenden der Abartung selbst wieder Jahrhunderte ihres Lebens hindurch verfeinert, civilisirt und humanisirt worden: eine solche Sprache, das Kind der Vernunft und Gesellschaft, kann wenig oder nichts mehr von der Kindheit ihrer ersten Mutter wissen; allein die alten, die wilden Sprachen, je näher zum Ursprunge, enthalten davon desto mehr. Ich kann hier noch nicht von der geringsten menschlichen Bildung der Sprache reden: sondern nur rohe Materialien betrachten. Noch existirt für mich kein Wort: sondern nur Töne zum

Wort einer Empfindung; aber sehet! in den genannten Sprachen, in ihren Interjektionen, in den Wurzeln ihrer Nominum und Verborum, wie viel aufbehaltene Reste dieser Töne! Die ältesten morgenländischen Sprachen sind voll von Ausrüfen, für die wir spätergebildeten Völker oft nichts als Lücken, oder stumpfen, tauben Mißverstand haben. In ihren Elegicen tönen, wie bei den Wilden auf ihren Gräbern, jene Heul- und Klagetöne, eine fortgehende Interjektion der Natursprache; in ihren Lobpsalmen das Freudengeschrei, die wiederkommenden Hallelujahs, die Shaw aus dem Munde der Klageweiber erkläret, und die bei uns so oft feierlicher Unsinn sind. Im Gang', im Schwunge ihrer Gedichte, und der Gesänge andrer alten Völker tönet der Ton, der noch die Krieges- und Religionstänze, die Trauer- und Freudengesänge aller Wilden belebet: sie mögen am Fuße der Cordilleras, oder im Schnee der Irokesen, in Brasilien oder auf den Karaiben wohnen. Die Wurzeln ihrer einfachsten, wirksamsten, frühesten Verben endlich sind jene ersten Ausrüfe der Natur, die

erst

erst später gemodelt wurden; und die Sprachen aller alten und wilden Völker sind daher in diesem innern, lebendigen Tone für Fremde immer unaussprechlich!

Ich kann die meisten dieser Phänomene im Zusammenhange erst später erklären: hier stehe nur Eins. Einer der Vertheidiger des göttlichen Ursprunges der Sprache *) findet darin göttliche Ordnung zu bewundern: „daß sich „die Laute aller uns bekannten Sprachen „auf etliche zwanzig Buchstaben bringen „lassen.“ Allein das Faktum ist unrichtig, und der Schluß noch unrichtiger. Keine einzige lebendigtönende Sprache läßt sich vollständig in Buchstaben bringen, und noch weniger in zwanzig Buchstaben: dies zeigen alle Sprachen sämmtlich und sonders. Der Artikulationen unserer Sprachwerkzeuge sind so viele; ein jeder Laut wird auf so mannichfaltige Weise ausgesprochen, daß z. B. Herr Lambert im zweiten Theil seines Organon mit Recht hat zeigen können,

*) Süßmilchs Beweis, daß der Ursprung der menschlichen Sprache göttlich sei, Berlin 1766. S. 21.

können: „wie weit weniger wir Buchstaben, „als Laute haben,“ und „wie unbestimmt also „diese von jenen ausgedrückt werden können.“ Und das ist doch nur aus der deutschen Sprache gezeiget, die die Vieltönigkeit und den Unterschied ihrer Dialekte noch nicht einmal in eine Schriftsprache aufgenommen hat; wie denn da, wo die ganze Sprache nichts als solch ein lebendiger Dialekt ist? Woher rühren alle Eigenheiten und Sonderbarkeiten der Orthographie, als wegen der Unbehülflichkeit zu schreiben, wie man spricht? Welche lebendige Sprache läßt sich, ihren Tönen nach, aus Bücherbuchstaben lernen? Und welche todte Sprache daher aufwecken? — — Je lebendiger nun eine Sprache ist, je weniger man daran gedacht hat, sie in Buchstaben zu fassen, je ursprünglicher sie zum vollen, unausgesonderten Laute der Natur hinaufsteigt: desto minder ist sie auch schreibbar, desto minder mit zwanzig Buchstaben schreibbar; ja oft für Fremdlinge ganz unaussprechlich. Der P. Rasles, der sich zehn Jahr unter den Abenakiern in Nordamerika aufgehalten, klagt hierüber so sehr, daß er mit aller Aufmerksamkeit kelt doch oft nur die Hälfte des Worts wiederholet und sich lächerlich gemacht habe; wie weit lächerlicher hätte er die Sprache mit seinen französischen Buchstaben beziffert? Der P. Chaumont, der 50 Jahr unter den Huronen zugebracht, und sich an eine Grammatik ihrer Sprache gewagt hat, klagt demohngeachtet über ihre Kehlbuchstaben und ihre unaussprechlichen Accente: „oft hätten zwei Wörter, die ganz aus „einerlei Buchstaben bestünden, die verschiedensten Bedeutungen.“ Garcilasso de Vega beklagt sich über die Spanier, daß sie die Peruanische Sprache im Laute der Wörter verstellet, verstümmelt, verfälscht und aus bloßen Verfälschungen den Peruanern das ärgste Zeug angedichtet. De la Condamine sagt von einer kleinen Nation am Amazonenfluß: „ein Theil „von ihren Wörtern könne nicht, auch nicht „einmal sehr unvollständig, geschrieben werden. „Man müßte wenigstens neun oder zehn Sylben gebrauchen, wo sie in der Aussprache „kaum drei auszusprechen scheinen.“ La Loubere von der Siamschen Sprache: „unter zehn „Wörtern, die der Europäer ausspricht, ver-

 „steht

„steht ein geborner Siamer vielleicht kein einzi„ziges; man mag sich Mühe geben, so viel „man will, ihre Sprache mit unsern Buchsta„ben auszudrücken." Und was brauchen wir Völker aus so entlegenen Enden der Erde? Unser kleine Rest ursprünglicher Völker in Europa, Esthländer, Lappen u. s. w. haben oft eben so halb-artikulirte und unschreibbare Schälle, als die Huronen und Peruaner. Russen und Polen, deren Sprachen doch lange schon geschrieben und schriftgebildet sind, aspiriren noch immer so, daß der wahre Ton ihrer Laute nicht durch Buchstaben gemalt werden kann. Der Engländer, wie quälet er sich seine Töne zu schreiben, und wie wenig ist der noch, der geschriebnes Englisch versteht, ein sprechender Engländer? Der Franzose, der seine Sylben weniger aus der Kehle hinaufholet, und der Halbgrieche, der Italiäner, der gleichsam in einer höhern Gegend des Mundes, wie in einem feinern Aether redet, behält immer noch lebendigen Ton. Seine Laute müssen innerhalb der Organe bleiben, wo sie gebildet worden: als gemalte Buchstaben sind sie, so bequem

und

und einartig sie der lange Schriftgebrauch gemacht habe, immer nur Schatten!

Das Faktum ist also falsch, und der Schluß noch falscher: er führet nicht auf einen göttlichen, sondern gerad umgekehrt, auf einen thierischen Ursprung der Sprache. Nehmet die so genannte göttliche erste Sprache, die hebräische, von der der größte Theil der Welt die Buchstaben geerbt hat. Daß sie in ihrem Anfange so lebendigtönend gewesen, daß sie nur sehr unvollkommen geschrieben werden konnte: dies zeigt offenbar der ganze Bau ihrer Grammatik, ihre so vielfachen Verwechselungen ähnlicher Buchstaben, ja am allermeisten der völlige Mangel ihrer Vokale. Woher kommt die Sonderbarkeit, daß ihre Buchstaben nur Mitlauter sind, und daß eben die Elemente der Worte, auf die alles ankommt, die Selbstlauter, ursprünglich gar nicht geschrieben wurden? Diese Schreibart ist dem Lauf der gesunden Vernunft so entgegen, das Unwesentliche zu schreiben und das Wesentliche auszulassen, daß sie den Grammatikern unbegreiflich seyn müßte, wenn Grammatiker häufig zu begreifen gewohnt wären. Bei uns

uns sind die Vokale das Erste, gleichsam die Thürangeln der Sprache; bei jenen werden sie nicht geschrieben — warum? Weil sie nicht geschrieben werden konnten. Ihre Aussprache war so lebendig und feinorganisirt, ihr Hauch war so geistig und ätherisch, daß er verduftete, und sich nicht in Buchstaben fassen ließ. Nur erst bei den Griechen wurden diese lebendigen Aspirationen in förmliche Vokale aufgefädelt, denen doch noch Spiritus u. s. w. zu Hülfe kommen mußten; da bei den Morgenländern die Rede gleichsam ganz Spiritus, ein fortgehender Hauch und Geist des Mundes war, wie sie sie auch so oft in ihren malenden Gedichten benennen. Es war Othem Gottes, wehende Luft, die das Ohr aufnahm; die todten Buchstaben, die sie hinmaleten, waren nur der Leichnam, der lesend mit Lebensgeist beseelet werden mußte. Was das für einen gewaltigen Einfluß auf das Verständniß ihrer Sprache hat, ist hier nicht der Ort zu sagen; daß dies Wehende aber den Ursprung ihrer Sprache verrathe, ist offenbar. Was ist unschreibbarer, als die unartikulirten Töne der Natur? Und wenn die

Sprache,

Sprache, je näher ihrem Ursprunge, desto unartikulirter ist — was folgt, als daß sie wohl nicht von einem höhern Wesen für die vier und zwanzig Buchstaben, noch auch diese Buchstaben gleich mit der Sprache erfunden worden, daß diese vielmehr ein weit späterer nur unvollkommener Versuch gewesen, sich einige Merkstäbe der Erinnerung zu setzen, und daß jene nicht aus Buchstaben der Grammatik Gottes, sondern aus wilden Tönen freier Organe entstanden sei *). Sonst wäre es sonderbar, daß eben die Buchstaben, aus denen und für die Gott die Sprache erfunden, mit Hülfe derer er den ersten Menschen die Sprache beigebracht hätte, eben die unvollkommensten in der Welt wären, die wenig vom Geist der Sprache sagen und in ihrer ganzen Bauart offenbar bekennen, daß sie nichts davon sagen wollen. — —

*) Die beste Schrift für diese noch zum Theil unausgearbeitete Materie ist *Wachteri* naturae & scripturae concordia, Hafn. 1752. die sich von den Kircherschen und so viel andern Träumen, wie Alterthumsgeschichte von Mährchen, unterscheidet.

Es verdiente diese Buchstabenhypothese freilich ihrer Würde nach nur Einen Wink: aber ihrer mannichfaltigen Beschönigung wegen mußte ich ihren Ungrund entblößen, und eine Sonderbarkeit dabei erklären, von welcher mir wenigstens keine Erklärung bekannt ist. Zurück auf unsre Bahn!

Da unsre Töne der Natursprache vorzüglich zum Ausdrucke der Leidenschaft bestimmt sind, so ists natürlich, daß sie auch die Elemente aller Rührung werden. Wer ists, dem bei einem zuckenden, wimmernden Gequälten, bei einem ächzenden Sterbenden, auch selbst bei einem stöhnenden Vieh, wenn seine ganze Maschine leidet, dies Ach nicht zu Herzen dringe? wer ist der gefühllose Barbar? Je harmonischer das empfindsame Saitenspiel selbst bei Thieren mit andern Thieren gewebt ist: desto mehr fühlen selbst diese mit einander; ihre Nerven kommen in eine gleichmäßige Spannung, ihre Seele in einen gleichmäßigen Ton, sie leiden wirklich mechanisch mit. Und welche Stählung seiner Fibern, welche Macht, alle Oeffnungen seiner Empfindsamkeit zu verstopfen,

gehört

gehört dazu, daß ein Mensch hiegegen taub und hart werde! — — Diderot *) meint, daß ein Blindgeborner gegen die Klagen eines leidenden Thiers unempfindlicher sein müßte, als ein Sehender; allein ich glaube, unter gewissen Fällen, das Gegentheil. Freilich ist ihm das ganze rührende Schauspiel dieses elenden zuckenden Geschöpfs verhüllet; allein alle Beispiele sagen, daß eben durch diese Verhüllung das Gehör weniger zerstreut, horchender und eindringender werde. Da lauschet er also im Finstern, in der Stille seiner ewigen Nacht, und jeder Klageton geht ihm, um so inniger und schärfer, wie ein Pfeil, zum Herzen! Nun nehme er noch das tastende, langsam umspannende Gefühl zu Hülfe, taste die Zuckungen, er fühle den Bruch der leidenden Maschine sich ganz, — Grausen und Schmerz fährt durch seine Glieder: sein innrer Nervenbau fühlt Bruch und Zerstörung: der Todeston tönet. Das ist das Band dieser Natursprache!

Ueber-

*) Lettre sur les Aveugles à l'usage de ceux qui voyent &c.

Ueberall sind die Europäer, Troz ihrer Bildung und Mißbildung, von den rohen Klagetönen der Wilden heftig gerührt worden. Leri erzählt aus Brasilien: wie sehr seine Leute von dem herzlichen, unförmlichen Geschrei der Liebe und Leutseligkeit dieser Amerikaner bis zu Thränen sein erweicht worden. Charlevoix und andre wissen nicht genug den grausenden Eindruck auszudrücken, den die Krieges- und Zauberlieder der Nordamerikaner machen. Wenn wir später Gelegenheit haben werden zu bemerken, wie sehr die alte Poesie und Musik von diesen Naturtönen sei belebet worden: so werden wir auch die Wirkung philosophischer erklären können, die z. B. der alte griechische Gesang und Tanz, die alte griechische Bühne einst gemacht haben, und überhaupt Musik, Tanz und Poesie noch auf alle Wilde machen. Auch selbst bei uns, bei denen freilich die Vernunft oft die Empfindung, und die künstliche Sprache der Gesellschaft die Töne der Natur aus ihrem Amt setzet, — kommen nicht noch oft die höchsten Donner der Beredsamkeit, die mächtigsten Schläge der Dichtkunst, und die

Zau-

Zaubermomente der Aktion, dieser Sprache der Natur durch Nachahmung nahe? Was ists, was dort im versammelten Volke Wunder thut, Herzen durchbohrt und Seelen umwälzet? — Geistige Rede und Metaphysik? Gleichnisse und Figuren? Kunst und kalte Ueberzeugung? So fern der Taumel nicht blind sein soll, muß vieles durch sie geschehen; aber Alles? Und eben dies höchste Moment des blinden Taumels, wodurch wurde das? — Durch ganz eine andre Kraft! — Diese Töne, diese Gebehrden, jene einfachen Gänge der Melodie, diese plötzliche Wendung, diese bewegende Stimme, — was weiß ich mehr? Bei Kindern, und bei dem Volk der Sinne, bei Weibern, bei Leuten von zartem Gefühl, bei Kranken, Einsamen, Betrübten, wirken sie tausendmal mehr, als die Wahrheit selbst wirken würde, wenn ihre leise, feine Stimme vom Himmel tönte. Diese Worte, dieser Ton, die Wendung dieser grausenden Romanze u. s. w. drangen in unsrer Kindheit, da wir sie das erstemal hörten, ich weiß nicht, mit welchem Heere von Nebenbegriffen des Schauders, der Feier, des Schreckens, der Furcht,

der

der Freude, in unsre Seele. Das Wort tönet, und wie eine Schaar von Geistern stehen sie alle mit Einmal in ihrer dunkeln Majestät aus dem Grabe auf; sie verdunkeln den reinen, hellen Begriff des Worts, der nur ohne sie gefaßt werden konnte: das Wort ist weg, und der Ton der Empfindung tönet. Dunkles Gefühl übermannet uns; selbst der Leichtsinnige zittert — nicht über Gedanken, sondern über Sylben, über Töne der Kindheit; und es war eben Zauberkraft des Redners, des Dichters, uns wieder zu Kindern zu machen. Kein Bedacht, keine Ueberlegung, das bloße Naturgesetz lag zum Grunde: „Ton der Empfin„dung soll das sympathetische Geschöpf „in denselben Ton versetzen!“

Wollen wir also diese unmittelbaren Laute der Empfindung Sprache nennen; so finde ich ihren Ursprung allerdings sehr natürlich. Er ist nicht bloß nicht übermenschlich, sondern offenbar thierisch: das Naturgesetz einer empfindsamen Maschine.

Aber ich kann meine Verwunderung nicht bergen, daß Philosophen, das ist, Leute, die deutliche Begriffe suchen, je haben auf den Gedanken kommen können: aus diesem Geschrei der Empfindungen den Ursprung menschlicher Sprache völlig zu erklären; denn ist diese nicht offenbar ganz etwas anders? Alle Thiere, fast bis auf den stummen Fisch, tönen ihre Empfindung; deswegen aber hat doch kein Thier, selbst nicht das vollkommenste, den geringsten, eigentlichen Anfang zu einer menschlichen Sprache. Man bilde und verfeinere und organisire dies Geschrei, wie man wolle; wenn kein Verstand dazu kommt, diesen Ton mit Absicht zu brauchen: so sehe ich nicht, wie nach dem vorigen Naturgesetz je eine menschliche, willkührliche Sprache werde? Kinder weinen Schälle der Empfindung, wie die Thiere; ist aber die Sprache, die sie von Menschen lernen, nicht ganz eine andre Sprache?

Der Abt Condillac *) ist in der Anzahl dieser Erklärer. Entweder er hat das ganze Ding Sprache schon vor der ersten Seite seines Buchs erfunden vorausgesetzt: oder ich finde auf jeder Seite

*) Essai sur l'origine des connoissances humaines, Vol. II.

Seite Dinge, die sich gar nicht in der Ordnung einer bildenden Sprache zutragen konnten. Er setzt, zum Grunde seiner Hypothese, „zwei Kinder in eine Wüste, ehe sie den Gebrauch irgend eines Zeichens kennen." Warum er dies alles setze: „zwei Kinder," die also umkommen, oder Thiere werden müssen; „in eine „Wüste," wo sich die Schwierigkeit ihres Unterhalts und ihrer Erfindung noch vermehret; „vor dem Gebrauch jedes natürlichen Zeichens, „und gar vor aller Kenntniß desselben," ohne welche doch kein Säugling nach wenigen Wochen seiner Geburt ist: — warum, sage ich, in einer Hypothese, die dem Naturgange menschlicher Kenntniß nachspüren soll, solche unnatürliche Data zum Grunde gelegt werden müssen, mag ihr Verfasser wissen; daß aber auf sie keine Erklärung des Ursprungs der Sprache gebauet sei, getraue ich mir zu erweisen. Seine beiden Kinder kommen ohne Kenntniß jedes Zeichens zusammen, und — siehe da! im ersten Augenblicke (§. 2.) „sind sie schon im gegenseitigen Commerz." Und doch bloß durch dies gegenseitige Commerz lernen sie erst, „mit dem „Ge-

„Geschrei der Empfindungen die Gedanken zu „verbinden, deren natürliche Zeichen jene sind." Natürliche Zeichen der Empfindung durch das Commerz lernen? Lernen, was für Gedanken damit zu verbinden sind? Und doch gleich im ersten Augenblick der Zusammenkunft, noch vor der Kenntniß dessen, was das dummste Thier kennet, Commerz haben? Lernen können, was mit gewissen Zeichen für Gedanken zu verknüpfen sind? — davon begreife ich wenig. „Durch das Wiederkommen ähnlicher Umstände (§. 3.) gewöhnen sie sich, mit den Schällen der Empfindungen, und den verschiednen „Zeichen des Körpers Gedanken zu verbinden. „Schon bekommt ihr Gedächtniß Uebung. „Schon können sie über ihre Einbildung walten, und schon — sind sie so weit, das mit „Reflexion zu thun, was sie vorher blos durch „Instinkt thaten," (und doch, wie wir eben gesehen, vor ihrem Commerz nicht zu thun wußten.) — Davon begreife ich noch weniger. „Der Gebrauch dieser Zeichen erweitert die „Wirkungen der Seele (§. 4.), und diese vervollkommnen die Zeichen. Geschrei der Em-

„pfindungen wars also (§. 5.) was die Seelen-
„kräfte entwickelt hat: Geschrei der Empfin-
„dungen, das ihnen die Gewohnheit gegeben,
„Ideen mit willkührlichen Zeichen zu verbin-
„den (§. 6.); Geschrei der Empfindungen, das
„ihnen zum Muster diente, sich eine neue
„Sprache zu machen, neue Schälle zu artiku-
„liren, sich zu gewöhnen, die Sachen mit Na-
„men zu bezeichnen." — Ich wiederhole alle diese Wiederholungen, und begreife von ihnen nichts. Endlich, nachdem der Verfasser auf diesen kindischen Ursprung der Sprache die Prosodie, Deklamation, Musik, Tanz und Poesie der alten Sprachen gebauet, und mit unter gute Anmerkungen vorgetragen hat, die aber zu unserm Zwecke nichts thun; so faßt er den Faden wieder an: „Um zu begreifen,
„(§. 80.) wie die Menschen unter sich über den
„Sinn der ersten Worte Eins geworden, die
„sie brauchen wollten, ist genug, wenn man
„bemerkt, daß sie sie in Umständen aussspra-
„chen, wo jeder verbunden war, sie mit den
„nehmlichen Ideen zu verbinden u. s. w."
Kurz: es entstanden Worte, weil Worte da waren,

ren, ehe sie da waren — Mich dünkt, es lohnt nicht, den Faden unsres Erklärers weiter zu verfolgen, da er doch an nichts geknüpft ist.

Vielleicht gab **Condillac** durch seine hohle Erklärung von Entstehung der Sprache Gelegenheit, daß Rousseau *) die Frage nach seiner Art in Schwung brachte, das ist, sie bezweifelte. Gegen **Condillacs** Erklärung Zweifel zu finden, war eben kein Rousseau nöthig; nur aber deswegen sogleich alle menschliche Möglichkeit der Spracherfindung zu leugnen — dazu gehörte freilich etwas Rousseauscher Schwung. Denn weil jener die Sache schlecht erklärt hatte; ob sie also auch gar nicht erklärt werden könne? Weil aus Schällen der Empfindung nimmermehr eine menschliche Sprache wird, folgt daraus, daß sie nirgend anderswoher hat werden können?

Daß es wirklich nur dieser verdeckte Trugschluß sei, der Rousseau verführet, zeigt offenbar sein eigner Plan: **) „Wie, wenn doch „allenfalls Sprache hätte menschlich entstehen „sol-

*) Sur l'inégalité parmi les hommes &c. Part. I.
**) Eben daselbst.

„sollen, wie sie hätte entstehen müssen?" Er fängt, wie sein Vorgänger, mit dem Geschrei der Natur an, aus dem die menschliche Sprache werde. Ich sehe nicht, wie sie daraus je geworden wäre; und wundre mich, daß der Scharfsinn eines Rousseau sie einen Augenblick daraus habe können werden lassen?

Maupertuis's kleine Schrift ist mir nicht bei Händen; wenn ich aber dem Auszuge eines Mannes *) trauen darf, dessen nicht kleinstes Verdienst Treue und Genauigkeit war, so hat auch Er den Ursprung der Sprache nicht genug von diesen thierischen Lauten abgesondert, und gehet also mit den vorigen auf Einer Straße.

Diodor endlich und **Vitruv**, die zudem den menschlichen Ursprung der Sprache mehr geglaubt als hergeleitet haben, erschwerten sich die Sache dadurch, daß sie die Menschen, erst Zeitenlang, als Thiere, mit Geschrei in Wäldern schweifen, und sich nachher, weiß Gott, woher? und weiß Gott, wozu? Sprache erfinden liessen — —.

Da

*) Süßmilch Beweis für die Göttlichkeit 2c. Anhang 3. S. 110.

Da nun die meisten Verfechter der menschlichen Sprachwerdung aus einem so unsichern Ort stritten, den andre, z. B. Süßmilch, mit so vielem Grunde bekämpften: so hat die Akademie diese Frage, die also noch unbeantwortet ist, und über die sich selbst einige ihrer vormaligen Mitglieder in Meinungen getheilt haben, einmal außer Streit wollen gesetzt sehen.

Und da dies große Thema so viel Aussichten in die Psychologie und Naturordnung des menschlichen Geschlechts, in die Philosophie der Sprachen und aller Kenntnisse, die mit der Sprache erfunden werden, verspricht; wer wollte sich nicht daran versuchen?

Und da die Menschen für uns die einzigen Sprachgeschöpfe sind, die wir kennen, und sich eben durch Sprache von allen Thieren unterscheiden: wo finge der Weg der Untersuchung sicherer an, als bei Erfahrungen über den Unterschied der Thiere und Menschen? — Condillac und Rousseau mußten über den Sprachursprung irren, weil sie sich über diesen Unterschied so bekannt und verschieden irrten: da jener

ner *) die Thiere zu Menschen, und dieser **) die Menschen zu Thieren machte. Ich muß also etwas weit ausholen.

Daß der Mensch den Thieren an Stärke und Sicherheit des Instinkts weit nachstehe, ja daß er das, was wir bei so vielen Thiergattungen angeborne Kunstfähigkeiten und Kunsttriebe nennen, gar nicht habe, ist gesichert; nur, so wie die Erklärung dieser Kunsttriebe bisher den meisten und noch zuletzt einem der gründlichsten Philosophen ***) Deutschlands mißglücket ist, so hat auch die wahre Ursache von der Entbehrung dieser Kunsttriebe in der menschlichen Natur noch nicht völlig ins Licht gesetzt werden können. Mich dünkt, man habe einen Hauptgesichtspunkt verfehlt, aus dem man, wo nicht vollstän-

*) Traité sur les animaux.

**) Sur l'origine de l'inégalité &c.

***) Reimarus über die Kunsttriebe der Thiere: S. Betrachtungen drüber in den Briefen, die neueste Litteratur betreffend 2c.

ständige Erklärungen, so wenigstens Bemerkungen über die Natur der Thiere machen kann, die, wie ich für einen andern Ort hoffe, die menschliche Seelenlehre sehr aufklären können. Dieser Gesichtspunkt ist „die Sphäre der „Thiere."

Jedes Thier hat seinen Kreis, in den es von der Geburt an gehört, gleich eintritt, in dem es lebenslang bleibet, und stirbt. Nun ist es aber sonderbar, „daß je schärfer die „Sinne der Thiere, und je wunderbarer „ihre Kunstwerke sind, desto kleiner ist „ihr Kreis: desto einartiger ist ihr Kunst„werk." Ich habe diesem Verhältnisse nachgespüret, und finde überall eine wunderbar-beobachtete „umgekehrte Proportion zwischen „der mindern Extension ihrer Bewegun„gen, Nahrung, Erhaltung, Paarung, „Erziehung, Gesellschaft und ihren Trie„ben und Künsten." Die Biene in ihrem Korbe bauet mit der Weisheit, die Egeria ihren Numa nicht lehren konnte; aber außer diesen Zellen und außer ihrem Bestimmungsgeschäft in diesen Zellen, ist sie auch Nichts. Die

Spinne webet mit der Kunst der Minerva; aber alle ihre Kunst ist auch in diesem engen Spinnraum verwebet; das ist ihre Welt. Wie wundersam ist das Insekt, und wie enge der Kreis seiner Wirkung!

Gegentheils. „Je vielfacher die Ver„richtungen und Bestimmung der Thiere; „je zerstreuter ihre Aufmerksamkeit auf „mehrere Gegenstände, je unstäter ihre „Lebensart, kurz je größer und vielfälti„ger ihre Sphäre ist; desto mehr sehen „wir ihre Sinnlichkeit sich vertheilen und „schwächen." Ich kann es mir hier nicht in den Sinn nehmen, dies große Verhältniß, das die Kette der lebendigen Wesen durchläuft, mit Beispielen zu sichern; ich überlasse jedem die Probe, oder verweise auf eine andre Gelegenheit, — und schließe fort:

Nach aller Wahrscheinlichkeit und Analogie lassen sich also „alle Kunsttriebe und Kunst„fähigkeiten aus den Vorstellungskräften „der Thiere erklären"; ohne daß man außer ihnen noch blinde Determinationen annehmen darf, die alle Philosophie verwüsten. Wenn unend-

unendlich feine Sinne in einen kleinen Kreis, auf ein Einerlei eingeschlossen werden, und die ganze andre Welt für sie nichts ist: wie durchdringend müssen sie werden! Wenn Vorstellungskräfte in einen kleinen Kreis eingeschlossen, und mit einer analogen Sinnlichkeit begabt sind, wie stark müssen sie wirken! Und wenn endlich Sinne und Vorstellungen auf Einen Punkt gerichtet sind, was kann anders, als Instinkt daraus werden? Aus ihnen also erkläret sich die Empfindsamkeit, die Fähigkeiten und Triebe der Thiere nach ihren Stuffen und Arten.

Und ich darf also den Satz annehmen: „die Empfindsamkeit, die Fähigkeiten „und Kunsttriebe der Thiere nehmen an „Stärke und Intensität zu, im umgekehr„ten Verhältnisse der Größe und Man„nichfaltigkeit ihres Wirkungskreises." Nun aber —

Der Mensch hat keine so einförmige und enge Sphäre, in der nur Eine Arbeit auf ihn warte; eine Welt von Geschäften und Bestimmungen liegt um ihn.

 Seine

Seine Sinne und Organisation sind nicht auf Eins geschärft: er hat Sinne für alles, und natürlich also für jedes Einzelne schwächere und stumpfere Sinne.

Seine Seelenkräfte sind über die Welt verbreitet; also keine Richtung seiner Vorstellungen auf ein Eins. Mithin **kein Kunsttrieb, keine Kunstfertigkeit** — und, das Eine gehört hier näher her, **keine Thiersprache.**

Was ist doch das, was wir, außer der vorherangeführten Lautbarkeit der empfindenden Maschine, bei einigen Gattungen Thiersprache nennen, anders, als das Resultat der Anmerkungen, die ich zusammen gereihet habe? **ein dunkles sinnliches Einverständniß einer Thiergattung unter einander über ihre Bestimmung, im Kreise ihrer Wirkung.**

Je kleiner also die Sphäre der Thiere ist, desto weniger haben sie Sprache nöthig. Je schärfer ihre Sinne, je mehr ihre Vorstellungen auf Eins gerichtet, je ziehender ihre Triebe sind; desto zusammengezogner ist das Einverständniß ihrer etwanigen Schälle, Zeichen,

Aeuße-

Aeußerungen. — Es ist lebendiger Mechanismus, herrschender Instinkt, der da spricht und vernimmt. Wie wenig darf er sprechen, daß er vernommen werde!

Thiere von dem engsten Bezirke sind also sogar gehörlos; sie sind für ihre Welt ganz Gefühl, oder Geruch, und Gesicht: ganz einförmiges Bild, einförmiger Zug, einförmiges Geschäft; sie haben also wenig oder keine Sprache.

Je größer aber der Kreis der Thiere: je unterschiedner ihre Sinne — doch was darf ich wiederholen? Mit dem Menschen ändert sich die Scene ganz. Was soll für seinen Wirkungskreis, auch selbst im dürftigsten Zustande die Sprache des redendsten, am vielfachsten tönenden Thieres? Was soll für seine zerstreuten Begierden, für seine getheilte Aufmerksamkeit, für seine stumpfer witternden Sinne auch selbst die dunkle Sprache aller Thiere? Sie ist für ihn weder reich, noch deutlich: weder hinreichend an Gegenständen, noch für seine Organe — also durchaus nicht seine Sprache: denn was heißt, wenn wir nicht mit Worten spielen

wollen,

wollen, die eigenthümliche Sprache eines Geschöpfs, als: die seiner Sphäre von Bedürfnissen und Arbeiten, der Organisation seiner Sinne, der Richtung seiner Vorstellungen und der Stärke seiner Begierden angemessen ist? Und welche Thiersprache ist so für den Menschen?

Jedoch es bedarf auch dieser Frage nicht. **Welche Sprache** (außer der vorigen mechanischen) **hat der Mensch so instinkmäßig, als jede Thiergattung die Ihrige in und nach ihrer Sphäre?** Die Antwort ist kurz: **keine!** und eben diese kurze Antwort entscheidet.

Bei jedem Thiere ist, wie wir gesehen haben, seine Sprache eine Aeußerung so starker sinnlicher Vorstellungen, daß diese zu Trieben werden: mithin ist Sprache, so wie Sinne und Vorstellungen und Triebe, ihm angeboren und dem Thier unmittelbar natürlich. Die Biene sumset, wie sie sauget; der Vogel singt, wie er nistet — aber wie spricht der Mensch von Natur? Gar nicht! so wie er wenig oder nichts durch völligen Instinkt, als

Thier

Thier thut. Ich nehme bei einem neugebor-nen Kinde das Geschrei seiner empfindsamen Maschine aus; sonst ists stumm; es äußert weder Vorstellungen noch Triebe durch Töne, wie doch jedes Thier in seiner Art thut; bloß unter Thiere gestellet, wäre es also das ver-waisetste Kind der Natur. Nackt und bloß, schwach und dürftig, schüchtern und unbewaf-net: und was die Summe seines Elendes ausmacht, aller Leiterinnen des Lebens be-raubt. — Mit einer so zerstreuten geschwäch-ten Sinnlichkeit, mit so unbestimmten, schla-fenden Fähigkeiten, mit so getheilten und er-matteten Trieben geboren, offenbar auf tausend Bedürfnisse verwiesen, zu einem großen Kreise bestimmt; und doch so verwaiset und verlassen, daß es selbst nicht mit einer Sprache begabt ist, seine Mängel zu äußern — Nein! ein solcher Widerspruch ist nicht die Haushaltung der Na-tur. Es müssen statt der Instinkte andre ver-borgne Kräfte in ihm schlafen! Stummgebo-ren; aber —.

Zweiter Abschnitt.

Doch ich thue keinen Sprung. Ich gebe dem Menschen nicht gleich plötzlich neue Kräfte, „keine Sprachschaffende Fähigkeit," wie eine willkührliche Qualitas occulta. Ich suche nur in den vorherbemerkten Lücken und Mängeln weiter.

Lücken und Mängel können doch nicht der Charakter seiner Gattung sein: oder die Natur war gegen ihn die härteste Stiefmutter, da sie gegen jedes Insekt die liebreichste Mutter war. Jedem Insekt gab sie, was und wie viel es brauchte: Sinne zu Vorstellungen, und Vorstellungen in Triebe gediegen; Organe zur Sprache, so viel es bedurfte, und Organe, diese Sprache zu verstehen. Bei dem Menschen ist alles in dem größten Mißverhältniß: Sinne und Bedürfnisse; seine Kräfte und der Kreis der Wirksamkeit, der auf ihn wartet; seine Organe und seine Sprache — Es muß uns also „ein gewisses

„Mittelglied fehlen, die so abstehenden „Glieder der Verhältniß zu berechnen.“

Fänden wirs: so wäre nach aller Analogie der Natur „diese Schadloshaltung seine „Eigenheit, der Charakter seines Ge„schlechts;“ und alle Vernunft und Billigkeit foderte, diesen Fund für das gelten zu lassen, was er ist, für Naturgabe, ihm so wesentlich als den Thieren der Instinkt.

Ja fänden wir „eben in diesem Cha„rakter die Ursache jener Mängel; und „eben in der Mitte dieser Mängel, in „der Höhle jener großen Entbehrung von „Kunsttrieben den Keim zum Ersatze“: so wäre diese Einstimmung ein genetischer Beweis, daß hier „die wahre Richtung der „Menschheit“ liege, und daß die Menschengattung über den Thieren nicht an Stuffen des Mehr oder Weniger stehe, sondern an Art.

Und fänden wir in diesem neugefundnen Charakter der Menschheit sogar „den noth„wendigen genetischen Grund zur Entste„hung einer Sprache für diese neue Art

„Ge-

„Geschöpfe,“ wie wir in den Instinkten der Thiere den unmittelbaren Grund zur Sprache für jede Gattung fanden; so sind wir ganz am Ziele. In dem Falle würde die „Sprache dem Menschen so wesentlich, „als — er ein Mensch ist.“ Man siehet, ich entwickle aus keinen willkührlichen, oder gesellschaftlichen Kräften, sondern aus der allgemeinen thierischen Oekonomie.

Und nun folgt, daß wenn der Mensch Sinne hat, die für Einen kleinen Fleck der Erde, für die Arbeit und den Genuß einer Weltspanne den Sinnen des Thiers, das in dieser Spanne lebet, nachstehen an Schärfe: so bekommen sie eben dadurch „Vorzug „der Freiheit: „Eben weil sie nicht für einen Punkt sind, so sind sie allgemeinere „Sinne der Welt.“

Wenn der Mensch Vorstellungskräfte hat, die nicht auf den Bau einer Honigzelle und eines Spinngewebes bezirkt sind, und also auch den Kunstfähigkeiten der Thiere in in diesem Kreise nachstehen: so bekommen sie eben damit „weitere Aussicht." Er hat kein einziges Werk, bei dem er also auch unverbesserlich handle; aber er hat freien Raum, sich an vielem zu üben, mithin sich immer zu verbessern. Jeder Gedanke ist nicht ein unmittelbares Werk der Natur, aber eben damit kanns sein eigen Werk werden.

Wenn also hiermit der Instinkt wegfallen muß, der bloß aus der Organisation der Sinne und dem Bezirk der Vorstellungen folgte, und keine blinde Determination war; so bekommt eben hiemit der Mensch, „mehrere Helle.„ Da er auf keinen Punkt blind fällt und blind liegen bleibt: so wird er freistehend, kann sich eine Sphäre der Bespiegelung suchen, kann sich in sich bespiegeln. Nicht mehr eine unfehlbare Maschine in den Händen der Natur, wird er sich selbst Zweck und Ziel der Bearbeitung.

Man nenne diese ganze Disposition seiner Kräfte, wie man wolle: Verstand, Vernunft, Besinnung u. s. w. Wenn man die Namen nicht für abgesonderte Kräfte, oder für bloße Stuffenerhöhungen der Thierkräfte annimmt:

so gilts mir gleich. Es ist die „ganze Ein„richtung aller menschlichen Kräfte; die „ganze Haushaltung seiner sinnlichen und „erkennenden, seiner erkennenden und „wollenden Natur;“ oder vielmehr — Es ist „die Einzige positive Kraft des Den„kens, die, mit einer gewissen Organisation „des Körpers verbunden, bei den Menschen „so Vernunft heißt, wie sie bei den Thieren „Kunstfähigkeit wird: die bei ihm Freiheit „heißt, und bei den Thieren Instinkt wird.“ Der Unterschied ist nicht in Stufen, oder Zugabe von Kräften, sondern in einer ganz verschiedenartigen Richtung und Auswickelung aller Kräfte. Man sei Leibnitzianer oder Lockianer, Search oder Leowall, *) Idealist oder Materialist; so muß man bei einem Einverständniß über die Worte, zu Folge des Vorigen, die Sache zugeben: „einen eignen Cha„rakter der Menschheit,“ der hierin und in nichts anderm bestehet.

Alle,

*) Eine in einem neuen metaphysischen Werke beliebte Eintheilung: Search's Light of nature pursued. Lond. 68.

Alle, die dagegen Schwierigkeit gemacht, sind durch falsche Vorstellungen und unaufgeräumte Begriffe hintergangen worden. Man hat sich die Vernunft des Menschen als eine neue, ganz abgetrennte Kraft in die Seele hinein gedacht, die dem Menschen als eine Zugabe vor allen Thieren zu eigen geworden, und die also auch, wie die vierte Stufe einer Leiter nach den drei untersten, allein betrachtet werden müsse; und das ist freilich, es mögen es so große Philosophen sagen, als da wollen, philosophischer Unsinn. Alle einzelnen Kräfte unsrer und der Thierseelen sind nichts als Metaphysische Abstraktionen, Wirkungen! Sie werden abgetheilt, weil sie von unserm schwachen Geiste nicht auf einmal betrachtet werden konnten: sie stehen in Kapiteln, nicht, weil sie so Kapitelweise in der Natur wirken, sondern weil ein Lehrling sie sich vielleicht so am besten entwickelt. Daß wir gewisse ihrer Verrichtungen unter gewisse Hauptnamen gebracht haben, z. B. Witz, Scharfsinn, Phantasie, Vernunft; ist nicht, als wenn je eine einzige Handlung des Geistes möglich wäre, wo der Witz oder die Ver-

Vernunft allein wirkt: sondern nur, weil wir in dieser Handlung am meisten von der Abstraktion entdecken, die wir Witz oder Vernunft nennen, z. B. Vergleichung oder Deutlichmachung der Ideen: überall aber wirkt die ganze unabgetheilte Seele. Konnte ein Mensch je eine einzige Handlung thun, bei der er völlig wie ein Thier dachte: so ist er auch durchaus **kein Mensch** mehr, gar keiner menschlichen Handlung mehr fähig. War er einen einzigen Augenblick ohne Vernunft: so sehe ich nicht, wie er je in seinem Leben mit Vernunft denken könne: oder seine ganze Seele, die ganze Haushaltung seiner Natur ward geändert.

Nach richtigern Begriffen ist die Vernunftmäßigkeit des Menschen, der Charakter seiner Gattung, etwas anders, nehmlich: „die gänz-„liche Bestimmung seiner denkenden Kraft „im Verhältniß seiner Sinnlichkeit und „Triebe." Und da konnte es, alle vorigen Analogieen zu Hülfe genommen, nichts anders sein, als daß —

Wenn der Mensch Triebe der Thiere hätte, er das nicht haben könnte, was wir jtzt

Vernunft in ihm nennen; denn eben diese Triebe rissen ja seine Kräfte so dunkel auf einen Punkt hin, daß ihm kein freier Besinnungskreis ward. Es mußte sein, daß —

Wenn der Mensch Sinne der Thiere, er keine Vernunft hätte; denn eben die starke Reizbarkeit seiner Sinne, eben die durch sie mächtig andringenden Vorstellungen müßten alle kalte Besonnenheit ersticken. Aber umgekehrt mußte es auch nach eben diesen Verbindungsgesetzen der haushaltenden Natur sein, daß —

Wenn thierische Sinnlichkeit und Eingeschlossenheit auf einen Punkt wegfiele: so würde ein ander Geschöpf, dessen positive Kraft sich in größerm Raume, nach einer feineren Organisation, heller, äußerte; das abgetrennt und frei nicht blos erkennet, will und wirkt, sondern auch weiß, daß es erkenne, wolle und wirke. Dies Geschöpf ist der Mensch; und diese ganze Disposition seiner Natur wollen wir, um den Verwirrungen mit eignen Vernunftkräften u. s. w. zu entkommen, „Besonnenheit" nennen. Es folgt also nach eben diesen Verbindungsregeln, da alle die Wörter

Sinnlichkeit und Instinkt, Phantasie und Vernunft, doch nur Bestimmungen einer einzigen Kraft sind, wo Entgegensetzungen einander aufheben, daß —

Wenn der Mensch kein Instinktmäßiges Thier sein sollte, er vermöge der freierwirkenden positiven Kraft seiner Seele ein besonnenes Geschöpf sein mußte. — — Wenn ich die Kette dieser Schlüsse noch einige Schritte weiter ziehe, so bekomme ich damit vor künftigen Einwendungen einen den Weg sehr kürzenden Vorsprung.

Ist nemlich die Vernunft keine abgetheilte, einzelnwirkende Kraft, sondern eine seiner Gattung eigne Richtung aller Kräfte: so muß der Mensch sie im ersten Zustande haben, da er Mensch ist. Im ersten Gedanken des Kindes muß sich diese Besonnenheit zeigen, wie bei dem Insekt, daß es Insekt war. — — Das hat nun mehr als ein Schriftsteller nicht begreifen können, und daher ist die Materie, über die ich schreibe, mit den rohesten Einwürfen angefüllet; aber sie begriffen es nicht, weil sie es mißverstanden. Heißt denn vernünftig denken,

ken, mit ausgebildeter Vernunft denken? Heißts, der Säugling denke mit Besonnenheit, er räsonnire wie ein Sophist auf seinem Katheder oder wie der Staatsmann in seinem Cabinett? Glücklich und dreimal glücklich, daß er von diesem ermattenden Wust von Vernünfteleien noch nichts wußte! Aber siehet man nicht auch, daß dieser Einwurf blos einen so und nicht anders, einen mehr oder minder gebildeten Gebrauch der Seelenkräfte, und durchaus kein Positives einer Seelenkraft selbst läugne? Und welcher Thor würde da behaupten, daß der Mensch im ersten Augenblick des Lebens so denke, wie nach einer vieljährigen Uebung; es sei denn, daß man zugleich das Wachsthum aller Seelenkräfte läugnete, und sich eben damit selbst für einen Unmündigen bekennte? — So wie doch aber dies Wachsthum in der Welt nichts bedeuten kann, als einen leichtern, stärkern, vielfachern Gebrauch; muß denn das nicht schon da sein, was gebraucht werden? muß das nicht schon Keim sein, was da wachsen soll? Und ist also nicht im Keime der ganze Baum enthalten? So wenig das Kind Klauen

 wie

wie ein Greif, noch eine Löwenmähne hat: so wenig kann es wie Greif und Löwe denken; denkt es aber menschlich, so ist Besonnenheit das ist, die Bestimmung aller seiner Kräfte auf diese Hauptrichtung schon im ersten Augenblicke dergestalt sein Loos, wie sie es im letzten sein wird. Die Vernunft äußert sich unter seiner Sinnlichkeit so wirklich, daß der **Allwissende, der diese Seele schuf, in ihrem ersten Zustande schon das ganze Gewebe von Handlungen des Lebens sah,** wie etwa der **Meßkünstler** nach gegebner Classe aus einem Gliede der Progreßion das ganze Verhältniß derselben findet.

„Aber so war doch diese Vernunft damals „mehr Vernunftfähigkeit (Réflexion en puissance) „als wirkliche Kraft?“ Die Ausnahme sagt kein Wort. Bloße, nackte Fähigkeit, die auch ohne vorliegendes Hinderniß keine Kraft, nichts als Fähigkeit sei, ist so ein tauber Schall, als Plastische Formen, die da formen, aber selbst keine Formen sind. Ist mit der Fähigkeit nicht das geringste Positive zu einer Tendenz da: so ist nichts da — so ist das Wort blos Abstraktion

der

der Schule. Der neuere französische Philosoph, *) der diese réflexion en puissance, diesen Scheinbegrif so blendend gemacht, hat, wie wir sehen werden, immer nur eine Luftblase blendend gemacht, die er eine Zeitlang vor sich hertreibt, die ihm selbst aber unvermuthet auf seinem Wege zerspringt. Und ist in der Fähigkeit nichts da; wodurch soll es denn je in die Seele kommen? Ist im ersten Zustande nichts Positives von Vernunft in der Seele, wie wirds bei Millionen der folgenden Zustände wirklich werden? Es ist Worttrug, daß der Gebrauch eine Fähigkeit in Kraft, etwas blos Mögliches in ein Wirkliches verwandeln könne: denn ist nicht schon Kraft da, so kann sie ja nicht gebraucht und angewandt werden. Zudem endlich, was ist beides: eine abgetrennte Vernunftfähigkeit und Vernunftkraft in der Seele? Eines ist so unverständlich, als das Andre. Setzet den Menschen, als das Wesen das Er ist, mit dem Grade von Sinnlichkeit, und der Organisation ins Universum: von allen Seiten, durch alle Sinne strömt dies in Em-

*) Rousseau über die Ungleichheit ꝛc.

pfindungen auf ihn los. Durch menschliche Sinne? auf menschliche Weise? So wird also, mit den Thieren verglichen, dies denkende Wesen weniger überströmt: es hat Raum, seine Kraft freier zu äußern, und dieses Verhältniß heißt Vernunftmäßigkeit. Wo ist da bloße Fähigkeit? Wo eine abgesonderte Vernunftkraft? Es ist die positive einzige Kraft der Seele, die in solcher Anlage wirket; mehr sinnlich; so weniger vernünftig; vernünftiger, so minder lebhaft; heller, so minder dunkel. — Aber der sinnliche Zustand des Menschen war noch menschlich, und also wirkte in ihm noch immer Besonnenheit, nur im minder merklichen Grade; und der am wenigsten sinnliche Zustand der Thiere war noch thierisch, also wirkte bei aller Klarheit ihrer Gedanken nie die Besonnenheit eines menschlichen Begrifs. Und weiter lasset uns nicht mit Worten spielen! —

Es thut mir leid, daß ich so viele Zeit verloren habe, erst bloße Begriffe zu bestimmen und zu ordnen; allein der Verlust war nöthig, da dieser Theil der Psychologie in den neueren Zeiten so verwüstet da liegt: da französische

sische Philosophen über einige anscheinende Sonderbarkeiten in der thierischen und menschlichen Natur, alles so über- und untereinander geworfen haben, und deutsche Philosophen die meisten Begriffe dieser Art mehr für ihr System, und nach ihrem Sehepunkt, als darnach ordnen, damit sie Verwirrungen im Sehepunkt der gewöhnlichen Denkart vermeiden. Ich habe auch mit diesem Aufräumen der Begriffe keinen Umweg genommen, sondern wir sind mit einemmal am Ziele. Nemlich:

Der Mensch in den Zustand von Besonnenheit gesetzt, der ihm eigen ist, und diese Besonnenheit (Reflexion) zum erstenmal frei wirkend, hat Sprache erfunden. Denn was ist Reflexion? Was ist Sprache?

Diese Besonnenheit ist ihm charakteristisch eigen, und seiner Gattung wesentlich: so auch Sprache und eigne Erfindung der Sprache.

Erfindung der Sprache ist ihm also so natürlich, als er ein Mensch ist! Lasset uns nur beide Begriffe entwickeln! Reflexion und Sprache —

Der Mensch beweiset Reflexion, wenn die Kraft seiner Seele so frei wirket, daß sie in dem ganzen Ocean von Empfindungen, der sie durch alle Sinnen durchrauschet, Eine Welle, wenn ich so sagen darf, absondern, sie anhalten, die Aufmerksamkeit auf sie richten, und sich bewußt sein kann, daß sie aufmerke. Er beweiset Reflexion, wenn er aus dem ganzen schwebenden Traum der Bilder, die seine Sinne vorbeistreichen, sich in ein Moment des Wachens sammlen, auf Einem Bilde freiwillig verweilen, es in helle ruhigere Obacht nehmen, und sich Merkmale absondern kann, daß dies der Gegenstand und kein andrer sei. Er beweiset also Reflexion, wenn er nicht blos alle Eigenschaften lebhaft oder klar erkennen, sondern Eine oder mehrere als unterscheidende Eigenschaften bei sich anerkennen kann: der erste Aktus dieser Anerkenntniß *) giebt deutlichen Begriff; es ist das Erste Urtheil der Seele, und —

Wo-

*) Eine der schönsten Abhandlungen, das Wesen der Apperception aus physischen Versuchen (die so selten die Metaphysik der Seele erläu-

Wodurch geschah diese Anerkennung? Durch ein Merkmal, das er absondern mußte, und das, als Merkmal der Besinnung, deutlich in ihm blieb. Wohlan, so lasset uns ihm das εὕρηκα zurufen! **Dies Erste Merkmal der Besinnung war Wort der Seele. Mit ihm ist die menschliche Sprache erfunden.**

Lasset jenes Lamm, als Bild sein Auge vorbeigehn: ihm wie keinem andern Thiere. Nicht wie dem hungrigen, witternden Wolfe; nicht wie dem blutleckenden Löwen — die wittern und schmecken schon im Geiste: die Sinnlichkeit hat sie überwältigt, der Instinkt wirft sie darüber her. — Nicht wie dem brünstigen Schaafmanne, der es nur als den Gegenstand seines Genusses fühlt, den also wieder die Sinnlichkeit überwältigt; nicht wie jedem andern Thier, dem das Schaaf gleichgültig ist, das es also klar-dunkel vorbeistreichen läßt, weil ihn sein Instinkt auf etwas anders wendet. Nicht so dem Menschen. So bald er in das Bedürfniß

kommt,

erläutern) ins Licht zu setzen, ist die in den Schriften der Berlinschen Akademie von 1764.

kommt, das Schaaf kennen zu lernen: so störet ihn kein Instinkt; so reißt ihn kein Sinn auf dasselbe zu nahe hin, oder davon ab: es steht da, ganz wie es sich seinen Sinnen äußert. Weiß, sanft, wollicht — seine besonnen sich übende Seele sucht ein Merkmal; das Schaaf blöcket, sie hat ein Merkmal gefunden: der innere Sinn wirket. Dies Blöcken, das ihr den stärksten Eindruck macht, das sich von allen andern Eigenschaften des Beschauens und Betastens losriß, hervorsprang, am tiefsten eindrang, bleibt ihr. Das Schaaf kommt wieder. Weiß, sanft, wollicht — sie sieht, tastet, besinnet sich, sucht Merkmal — es blöckt, und nun erkennet sies wieder! „Du bist das Blöckende!" fühlt sie innerlich, sie hat es menschlich erkannt, da sie es deutlich, das ist, mit einem Merkmal erkannte und nannte. Dunkler; so wäre es von ihr gar nicht wahrgenommen worden, weil keine Sinnlichkeit, kein Instinkt zum Schaafe ihr den Mangel des Deutlichen durch ein lebhafteres Klare ersetzte. Deutlich unmittelbar, ohne Merkmal; so kann kein sinnliches Geschöpf außer sich empfinden, da es immer andre Gefühle unterdrücken, gleichsam vernichten, und also den Unterschied von zween durch ein drittes erkennen muß. Mit einem Merkmal also; und was war dies anders, als ein innerliches Merkwort? „Der Schall „des Blöckens von einer menschlichen Seele, „als Kennzeichen des Schaafs wahrgenom„men, ward, kraft dieser Bestimmung, Na„men des Schaafs, und wenn ihn nie seine „Zunge zu stammeln versucht hätte.“ Er erkannte das Schaaf am Blöcken: es war ein gefaßtes Zeichen, bei welchem sich die Seele einer Idee deutlich besann — Was ist das anders als Wort? Und was ist die ganze menschliche Sprache, als eine Sammlung solcher Worte? Käme er also auch nie in den Fall, einem andern Geschöpf diese Idee zu geben, und also dies Merkmal der Besinnung ihm mit den Lippen vorblöcken zu wollen oder zu können; seine Seele hat gleichsam in ihrem Inwendigen geblöckt, da sie diesen Schall zum Erinnerungszeichen wählte, und wiedergeblöckt, da sie ihn daran erkannte — die Sprache ist erfunden! eben so natürlich und dem Menschen noth-

nothwendig erfunden, als der Mensch ein Mensch war.

Die meisten, die über den Ursprung der Sprache geschrieben, haben ihn nicht hier, auf dem einzigen Punkt gesucht, wo er, meiner Meinung nach, gefunden werden konnte; und vielen haben also so viel dunkle Zweifel vorgeschwebt, ob er irgendwo in der menschlichen Seele zu finden sei? Man hat ihn in der bessern **Artikulation** der Sprachwerkzeuge gesucht; als ob je ein Orang-Outang mit eben den Werkzeugen eine Sprache erfunden hätte? Man hat ihn in den Schällen der Leidenschaft gesucht; als ob nicht alle Thiere diese Schälle besäßen, und irgend Ein Thier aus ihnen Sprache erfunden hätte? Man hat ein Principium angenommen, die Natur und also auch ihre Schälle **nachzuahmen**; als wenn sich bei einer solchen blinden Neigung was gedenken ließe? Und als ob der Affe mit eben dieser Neigung, die Amsel, die die Schälle so gut nachäffen kann, eine Sprache erfunden hätten? Die meisten endlich haben eine bloße **Convention**, einen Einvertrag angenommen, und dagegen

gegen

gegen hat Rousseau am stärksten geredet; denn was ists auch für ein dunkles, verwickeltes Wort, ein natürlicher Einvertrag zur Sprache? Diese so vielfache Falschheiten, die über den menschlichen Ursprung der Sprache gesagt waren, haben endlich die gegenseitige Meinung beinahe allgemein gemacht — ich hoffe nicht, daß sie es bleiben werde. Hier ist es keine **Organisation des Mundes**, die die Sprache schafft: denn auch der Zeitlebens Stumme, war er Mensch, besann er sich; so lag Sprache in seiner Seele. Hier ists **kein Geschrei der Empfindung**: denn nicht eine athmende Maschine, sondern ein besinnendes Geschöpf erfand Sprache. **Kein Principium der Nachahmung** in der Seele: die etwanige Nachahmung der Natur ist blos ein Mittel zu Einem und dem Einzigen Zweck, der hier erklärt werden soll. Am wenigsten ists **Einverständniß, willkührliche Convention der Gesellschaft**: der Wilde, der Einsame im Walde hätte Sprache für sich selbst erfinden müssen; hätte er sie auch nie geredet. Sie war Einverständniß seiner Seele mit sich selbst, und ein

ein so nothwendiges Einverständniß, als der Mensch Mensch war. Wenns andern unbegreiflich war, wie eine menschliche Seele hat Sprache erfinden können; so ists mir unbegreiflich, wie eine menschliche Seele, was sie ist, sein konnte, ohne eben dadurch, schon ohne Mund und Gesellschaft, sich Sprache erfinden zu müssen.

Nichts wird diesen Ursprung deutlicher entwickeln, als die Einwürfe der Gegner. Der gründlichste, *) der ausführlichste Vertheidiger des göttlichen Ursprungs der Sprache wird eben, weil er durch die Oberfläche drang, die Andere nur berühren, fast ein Vertheidiger des wahren menschlichen Ursprunges. Er ist unmittelbar am Rande des Beweises stehen geblieben; und sein Haupteinwurf, blos etwas richtiger erkläret, wird Einwurf gegen Ihn selbst und Beweis vom Gegentheil seiner Meinung, der Menschenmöglichkeit der Sprache. Er will bewiesen haben: „daß der Gebrauch der Sprache „zum Gebrauch der Vernunft nothwendig sei." Hätte er das: so wüßte ich nicht, was anders damit

*) Süßmilch angef. Schr. Abschn. 2.

damit bewiesen wäre, „als daß, da der Ge„brauch der Vernunft dem Menschen charakte„ristisch sei, der Gebrauch der Sprache es ihm „eben so sein müßte." Zum Unglück aber hat er seinen Satz nicht bewiesen. Er hat blos mit vieler Mühe dargethan, daß so viel feine verflochtne Handlungen, als Aufmerksamkeit, Reflexion, Abstraktion u. s. w. nicht füglich ohne Zeichen geschehen können, auf die sich die Seele stütze; allein dies nicht füglich, nicht leicht, nicht wahrscheinlich, erschöpfet die Sache noch nicht. So wie wir mit wenigen Abstraktionskräften nur wenige Abstraktion ohne sinnliche Zeichen denken können: so können andre Wesen mehr darthun ohne denken; wenigstens folgt daraus noch nicht, daß an sich selbst keine Abstraktion ohne sinnliches Zeichen möglich sei. Ich habe erwiesen, daß der Gebrauch der Vernunft nicht etwa blos füglich, sondern daß nicht der mindeste Gebrauch der Vernunft, nicht die einfachste, deutliche Anerkennung, nicht das simpelste Urtheil einer menschlichen Besonnenheit ohne Merkmal möglich sei: denn der Unterschied von zween läßt sich nur immer

 durch

durch ein drittes erkennen. Eben dies dritte, dies Merkmal, wird mithin inneres Merkwort; also folgt die Sprache aus dem ersten Aktus der Vernunft ganz natürlich. — Herr Süßmilch will darthun: *) daß die höhern Anwendungen der Vernunft nicht ohne Sprache vor sich gehen könnten; und führt dazu Wolfs Worte an, der aber auch nur von diesem Falle in Wahrscheinlichkeiten redet. Der Fall thut eigentlich nichts zur Sache: denn die höhern Anwendungen der Vernunft, wie sie in den spekulativen Wissenschaften Platz finden, waren nicht zu dem ersten Grundstein des Sprachenbaues nöthig. Und doch ist auch dieser leicht zu erweisende Satz von Hr. S. nur erläutert; da ich erwiesen zu haben glaube, daß selbst die erste, niedrigste Anwendung der Vernunft nicht ohne Sprache geschehen konnte. Allein wenn er nun folgert: „kein Mensch kann sich selbst Sprache erfunden haben, weil schon zur Erfindung der Sprache Vernunft gehöret, folglich schon Sprache hätte da sein müssen, ehe sie da

war“:

*) Eb. das. S. 52

war": so halte ich den ewigen Kreisel an, besehe ihn recht, und nun sagt er ganz was anders: Ratio et Oratio! Wenn keine Vernunft dem Menschen ohne Sprache möglich war: wohl, so ist die Erfindung dieser dem Menschen so natürlich, so alt, so ursprünglich, so charakteristisch, als der Gebrauch jener.

Ich habe Süßmilchs Schlußart einen ewigen Kreisel genannt: denn ich kann ihn eben sowohl gegen ihn, als er gegen mich drehen: und das Spiel kreiselt immer fort. Ohne Sprache hat der Mensch keine Vernunft, und ohne Vernunft keine Sprache. Ohne Sprache und Vernunft ist er keines göttlichen Unterrichts fähig; und ohne göttlichen Unterricht hat er doch keine Vernunft und Sprache — wo kommen wir da je hin? Wie kann der Mensch durch göttlichen Unterricht Sprache lernen, wenn er keine Vernunft hat? Und er hat ja nicht den mindesten Gebrauch der Vernunft ohne Sprache. Er soll also Sprache haben, ehe er sie hat und haben kann; oder vernünftig werden können ohne den mindesten eignen Gebrauch der Ver-

Vernunft? Um der ersten Sylbe im göttlichen Unterricht fähig zu sein, mußte er, wie Herr Süßmilch selbst zugiebt, ein Mensch sein, das ist, deutlich denken können, und bei dem ersten deutlichen Gedanken war schon Sprache in seiner Seele da; sie war also aus eignen Mitteln und nicht mechanisch, durch göttlichen Unterricht erfunden. Ich weiß wohl, was man bei diesem göttlichen Unterricht meistens im Sinne hat, nehmlich den Sprachunterricht der Eltern an die Kinder; allein man besinne sich, daß das hier nicht der Fall ist. Eltern lehren die Kinder nie Sprache, ohne daß diese nicht immer selbst mit erfänden: jene machen diese nur auf Unterschiede der Sachen, mittelst gewisser Wortzeichen, aufmerksam, und so ersetzen sie ihnen nicht etwa, sondern erleichtern und befördern ihnen nur den Gebrauch der Vernunft durch die Sprache. Will man solche übernatürliche Erleichterung annehmen: so geht das meinen Zweck nichts an; nur alsdann hat Gott durchaus für die Menschen keine Sprache erfunden, sondern diese haben immer noch mit Wirkung eigner Kräfte, nur unter höherer Veranstaltung, sich ihre Sprache finden müssen. Um das erste Wort, als Wort, d. i. als Merkzeichen der Vernunft, auch aus dem Munde Gottes empfangen zu können, war Vernunft nöthig; und der Mensch mußte dieselbe Besinnung anwenden, dies Wort, als Wort zu verstehen, als hätte ers ursprünglich ersonnen. Alsdann streiten alle Waffen meines Gegners gegen ihn selbst; der Mensch mußte wirklichen Gebrauch der Vernunft haben, um göttliche Sprache zu lernen: den hat immer ein lernendes Kind auch, wenn es nicht, wie ein Papagei, blos Worte ohne Gedanken sagen soll. Was wären das aber für würdige Schüler Gottes, die so lernten? Und wenn die ewig so gelernt hätten, wo hätten wir denn unsre Vernunftsprache her?

Ich schmeichle mir, daß wenn mein würdiger Gegner noch lebte, er einsähe, daß sein Einwurf etwas mehr bestimmt, selbst der stärkste Beweis gegen ihn werde, und daß er also absichtlos in seinem Buche selbst Materialien zu seiner Widerlegung zusammengetragen. Er würde sich nicht hinter das Wort „Vernunft-

 „fähig-

„fähigkeit, die aber noch nicht im mindsten „Vernunft ist“ verstecken: denn man kehre wie man wolle, so werden Widersprüche! Ein vernünftiges Geschöpf ohne den mindesten Gebrauch der Vernunft; oder ein vernunftgebrauchendes Geschöpf ohne Sprache! Ein vernunftloses Geschöpf, dem Unterricht Vernunft geben kann; oder ein unterrichtfähiges Geschöpf, was doch ohne Vernunft ist! Ein Wesen ohne den mindsten Gebrauch der Vernunft; und doch Mensch! Ein Wesen, daß seine Vernunft aus natürlichen Kräften nicht brauchen konnte, und doch beim übernatürlichen Unterricht natürlich brauchen lernte! Eine menschliche Sprache, die nicht menschlich war, d. i. die durch keine menschliche Kraft entstehen konnte; und eine Sprache, die doch so menschlich ist, daß sich ohne sie keine seiner eigentlichen Kräfte äußern kann! Ein Ding, ohne das er nicht Mensch war, und doch ein Zustand, da er Mensch war, und das Ding nicht hatte, das also da war, ehe es da war, sich äußern mußte, ehe es sich äußern konnte, u. s. w. — — Alle diese Widersprüche sind offenbar, wenn Mensch,

Ver-

Vernunft und Sprache für das Wirkliche genommen werden, was sie sind, und das Gespenst von Worte Fähigkeit (Menschenfähigkeit, Vernunftfähigkeit, Sprachfähigkeit) in seiner Unbedeutung gezeigt wird.

„Aber die wilden Menschenkinder unter den „Bären, hatten sie Sprache? Und waren sie „nicht Menschen?" *) Allerdings! nur zuerst Menschen in einem widernatürlichen Zustande, Menschen in Verartung. Leget den Stein auf diese Pflanze; wird sie nicht krumm wachsen? und sie ist demungeachtet ihrer Natur nach eine aufschießende Pflanze, und hat ihre geradschießende Kraft selbst da geäußert, da sie sich dem Steine krumm umschlang. Also zweitens selbst die Möglichkeit dieser Verartung zeigt menschliche Natur. Eben weil der Mensch keine so hinreißende Instinkte hat, als die Thiere: weil er zu so mancherlei und zu Allem schwächer fähig, kurz, weil er Mensch ist: so konnte er verarten. Würde er wohl so Bärenähnlich haben brummen, und so Bärenähnlich haben kriechen lernen, wenn er nicht gelenksame Organe,

*) Süßmilch S. 47.

wenn er nicht gelenksame Glieder gehabt hätte? Würde jedes andre Thier, ein Affe und Esel, es so weit gebracht haben? Wirkte also nicht wirklich seine menschliche Natur dazu, daß er so unnatürlich werden konnte? Aber drittens blieb sie deßwegen noch immer menschliche Natur: denn brummte, kroch, fraß, witterte er völlig wie ein Bär? Oder wäre er nicht ewig ein strauchelnder stammlender Menschenbär, und also ein unvollkommenes Doppelgeschöpf geblieben? So wenig sich nun seine Haut und sein Antlitz, seine Füße und seine Zunge in völlige Bärengestalt ändern und wandeln konnten: so wenig, (lasset uns nimmer zweifeln!) konnte es die Natur seiner Seele. Seine Vernunft lag unter dem Druck der Sinnlichkeit, der Bärenartigen Instinkte begraben: aber sie war noch immer menschliche Vernunft, weil jene Instinkte ihm nimmer völlig zu Theil werden konnten. Daß dem also gewesen, zeigt endlich die Entwicklung der ganzen Scene. Als die Hindernisse weggewälzet, als diese Bärmenschen zu ihrem Geschlecht zurückgekehrt waren, lernten sie natürlicher aufrechtgehen und

spre-

sprechen, als sie dort, immer unnatürlich, kriechen und brummen gelernt hatten. Dies konnten sie immer nur Bärenähnlich; jenes lernten sie in weniger Zeit ganz menschlich. Welcher ihrer vorigen Mitbrüder des Waldes lernte das mit ihnen? Und weil es kein Bär lernen konnte, weil er nicht Anlage des Körpers und der Seele dazu besaß; so mußte der Menschenbär diese ja noch immer im Zustande seiner Verwilderung erhalten haben. Denn hätte sie ihm blos der Unterricht, die Gewohnheit gegeben, warum nicht dem Bären? Und was hieße es doch, jemand durch Unterricht, Vernunft und Menschlichkeit geben, der sie nicht schon hat? Vermuthlich hat alsdenn diese Nadel dem Auge die Sehkraft gegeben, dem sie die Staarhaut wegschaffet. — Was wollen wir also aus dem unnatürlichsten Falle von der Natur schließen? Gestehen wir aber ein, daß er ein unnatürlicher Fall sei; wohl, so bestätigt er die Natur, und weiset durch seine Abweichung auf die Menschenmöglichkeit der Sprache in einem bessern Zustande.

Die ganze Rousseausche Hypothese von Ungleichheit der Menschen ist, bekannter Weise, auf solche Fälle der Abartung gebauet; und seine Zweifel gegen die Menschlichkeit der Sprache betreffen also entweder falsche Ursprungsarten, oder die beregte Schwierigkeit, daß schon Vernunft zur Spracherfindung gehört hätte. Im ersten Fall haben sie Recht; im zweiten sind sie widerlegt, und lassen sich aus Rousseaus Munde selbst widerlegen. Sein Phantom, der Naturmensch, dies entartete Geschöpf, das er auf der Einen Seite mit der Vernunftfähigkeit abspeiset, wird auf der andern mit der Perfectibilität und zwar mit ihr als Charaktereigenschaft in so hohem Grade belehnet, daß er dadurch von allen Thiergattungen lernen könne; und was hat Rousseau ihm hiemit nicht zugestanden! Mehr, als wir wollen, und brauchen. Der erste Gedanke „siehe! das ist dem Thier eigen! der „Wolf heult, der Bär brummt;" schon der ist (in einem solchen Lichte gedacht, daß er sich mit dem zweiten verbinden konnte „das habe ich nicht!") wirkliche Reflexion; und nun der

der dritte und vierte „wohl! das wäre auch „meiner Natur gemäß, das könnte ich nach„ahmen, das will ich nachahmen, dadurch „wird mein Geschlecht vollkommen" welche Menge von feinen, fortschließenden Reflexionen! da das Geschöpf, das nur die Erste sich auseinander setzen konnte, schon Sprache der Seele haben mußte, indem es schon die Kunst zu denken besaß, die die Kunst zu sprechen schuf. Der Affe äffet immer nach, aber nachgeahmt hat er nie; er hat nie mit Besonnenheit zu sich gesprochen „das will ich nachah„men, um mein Geschlecht vollkommner zu „machen." Denn hätte er das je, hätte er eine Einzige Nachahmung sich zu Eigen gemacht, und sie in seinem Geschlecht mit Wahl und Absicht verewigt; hätte er auch nur ein einzigesmal eine Einzige solche Reflexion denken können — Denselben Augenblick war er kein Affe mehr. In aller seiner Affengestalt, ohne einen Laut seiner Zunge, war er inwendig ein sprechender Mensch, der sich über kurz oder lang seine äußerliche Sprache erfinden mußte. Welcher Orang-Outang aber hat je mit allen seinen menschenähnlichen Sprachwerkzeugen ein Einziges Wort gesprochen, das der Grundstein einer menschenähnlichen Sprache geworden wäre?

Es giebt freilich noch Negerbrüder in Europa, die da sagen „ja vielleicht! wenn er nur sprechen wollte, oder in Umstände käme, in denen er sprechen müßte." Beide Wenn sind durch die Thiergeschichte genugsam widerlegt; und durch die Werkzeuge wird, wie gesagt, bei dem Affen das Können nicht aufgehalten. *) Er hat einen Kopf von aussen und innen, wie wir; hat er aber je geredet? Papagei und Staar haben menschliche Schälle gelernt; haben sie aber auch ein menschliches Wort gedacht? — Ueberhaupt gehen uns hier noch die äußern Schälle der Worte nicht an; wir reden von der innern, nothwendigen Genesis eines Worts, als dem Merkmale einer deutlichen

*) Aus Campers Zergliederung des Orang-Outang (S. seine übersetzten kleinen Schriften) erhellet, daß diese Behauptung zu kühn; sie war indessen damals, als ich dieses schrieb, der Anatomiker gemeine Meinung.

lichen Besinnung; wann hat dies je eine Thierart, auf welche Weise es sei, geäußert? Abgemerkt müßte dieser Faden der Gedanken, dieser Discours der Seele, immer werden können, er äußere sich, wie er wolle; dies geschiehet aber nie. Der Fuchs hat tausendmal so gehandelt, als ihn Aesop handeln läßt; er hat aber nie in Aesops Sinne gehandelt, und das Erstemal daß er das kann, wird Meister Fuchs sich seine Sprache erfinden, und über Aesop so fabeln können, als Aesop jetzt über ihn fabelt. Der Hund hat viele Worte und Befehle verstehen gelernt; nicht aber als Worte, sondern als Zeichen, mit Gebehrden, mit Handlungen verbunden; verstünde er je ein Einziges Wort im menschlichen Sinne, so diente er nicht mehr, so schaffete er sich selbst Kunst und Republik und Sprache. Man sieht, wenn man einmal den genauen Punkt der Sprachgenese verfehlt, so ist das Feld des Irrthums zu beiden Seiten groß; da ist die Sprache bald so übermenschlich, daß sie Gott erfinden muß, bald so unmenschlich, daß jedes Thier sie erfinden könnte, wenn es sich

die

die Mühe nähme. Das Ziel der Wahrheit ist nur ein Punkt: auf den hingestellet, sehen wir auf alle Seiten, warum kein Thier Sprache erfinden kann, kein Gott Sprache erfinden darf, und der Mensch, als Mensch, Sprache erfinden kann und muß.

Weiter mag ich aus der Metaphysik die Hypothese des göttlichen Sprachenursprunges nicht verfolgen; da psychologisch ihr Ungrund darinn gezeigt ist, daß um die Sprache der Götter im Olymp zu verstehen, der Mensch schon Vernunft, folglich schon Sprache haben müsse. Noch weniger kann ich mich in ein angenehmes Detail der Thiersprachen einlassen: da sie doch alle, wie wir gesehen, total und incommensurabel von der menschlichen Sprache abstehen. Dem ich am ungernsten entsage, wären hier die mancherlei Aussichten, die von diesem genetischen Punkt der Sprache in der menschlichen Seele, in die weiten Felder der Logik, Aesthetik und Psychologie, insonderheit über die Frage gehen: wie weit kann man ohne, was muß man mit der Sprache denken? — eine Frage, die sich

nach-

nachher in Anwendungen fast über alle Wissenschaften ausbreitet. Hier sei es genug: die Sprache, als den wirklichen Unterscheidungscharakter unsrer Gattung von außen zu bemerken, wie es die Vernunft von innen ist.

In mehr als Einer Sprache hat also auch **Wort und Vernunft, Begriff und Wort, Sprache und Ursache** Einen Namen, und diese Synonymie enthält ihren ganzen genetischen Ursprung. Bei den Morgenländern ists der gewöhnliche Idiotismus geworden, das **Anerkennen** einer Sache **Namengebung** zu nennen: denn im Grunde der Seele sind beide Handlungen Eins. Sie nennen den Menschen das redende Thier, und die unvernünftigen Thiere die **Stummen**. Der Ausdruck ist sinnlich charakteristisch: auch das griechische ἀλογος fasset beides. Es wird sonach die Sprache eine **Aeußerung**, ein **Ausdruck** und **Organ des Verstandes**, ein **künstlicher Sinn der menschlichen Seele**; wie sich die Sehekraft jener sensitiven Seele der Alten das Auge, und der Instinkt der Biene seine Zelle bauet.

Vortrefflich, daß dieser neue, künstliche Sinn des Geistes gleich in seinem Ursprunge wieder ein Mittel der Verbindung ist und sein muß! Ich kann nicht den ersten menschlichen Gedanken denken, nicht das erste besonnene Urtheil reihen, ohne daß ich in meiner Seele dialogire, oder zu dialogiren strebe; der erste menschliche Gedanke bereitet also seinem Wesen nach, mit andern dialogiren zu können. Das erste Merkmal, was ich erfasse, ist Merkwort für mich, und wird Mittheilungswort für andre.

— Sic verba, quibus voces sensusque notarent
Nominaque invenere — —

Horat.

Dritter Abschnitt.

Der Brennpunkt ist angezeigt, auf welchem Prometheus himmlischer Funke in der menschlichen Seele zündete. Beim ersten erfaßten Merkmal ward Sprache; welches waren aber die ersten Merkmale zu Elementen der Sprache?

I. Töne.

Cheselden's Blinder *) zeigt, wie langsam sich das Gesicht entwickle, wie schwer die Seele zu den Begriffen von Raum, Gestalt, und Farbe komme, wie viel Versuche gemacht, wie viel Meßkunst erworben werden müsse, um diese Merkmale deutlich zu gebrauchen; das war also nicht der füglichste Sinn zur Sprache. Zudem waren seine Phänomene so kalt und

 stumm:

*) Philos. Transact. — Abridgment — auch in Cheselden's Anatomy, in Smith-Kästners Optik, in Büffons Naturgeschichte, Encyklopädie und zehn kleinen französischen Wörterbüchern unter Aveugle.

stumm: die Empfindungen der gröbern Sinne wiederum so undeutlich und in einander gewebet, daß, nach aller Natur, entweder Nichts, oder das Ohr der erste Lehrmeister der Sprache wurde.

Da ist z. B. das Schaaf. Als Bild schwebet es dem Auge mit allen Gegenständen, Bildern und Farben auf Einer großen Naturtafel vor; wie viel ist in ihm, und dies wie mühsam, zu unterscheiden! Alle Merkmale sind verflochten neben einander; alle also noch unaussprechlich. Wer kann Gestalten reden? Wer kann Farben tönen? Der Mensch nimmt das Schaaf unter seine tastende Hand: dies Gefühl ist sicherer und voller; aber seine Merkmale sind so voll, so dunkel in einander — Wer kann, was er fühlt, sagen? Aber horch! das Schaaf blöcket. Da reißt sich ein Merkmal von der Leinwand des Farbenbildes, worinn so wenig zu unterscheiden war, von selbst los: es dringet tief und deutlich in die Seele. „Ha!" sagt der lernende Unmündige, (wie jener blind gewesene Cheselden's): „nun werde ich dich wieder „kennen — Du blöckst!" Die Turteltaube girrt,

girrt, der Hund bellt; da sind drei Worte, weil er drei deutliche Ideen versuchte, diese in seine Logik, jene in sein Wörterbuch einzuzeichnen. Vernunft und Sprache thaten gemeinschaftlich einen furchtsamen Schritt, und die Natur kam ihnen auf halbem Wege entgegen durchs Gehör. Sie tönte ihnen das Merkmal nicht blos vor, sondern tief in die Seele: es klang, die Seele haschte — da hat sie ein tönendes Wort!

Der Mensch ist also als ein horchendes, merkendes Geschöpf zur Sprache natürlich gebildet; und selbst ein Blinder und Stummer, siehet man, müßte Sprache erfinden, wenn er nur nicht fühllos und taub ist. Setzet ihn gemächlich und behaglich auf eine einsame Insel: die Natur wird sich ihm durchs Ohr offenbaren: tausend Geschöpfe, die er nicht sehen kann, werden doch mit ihm zu sprechen scheinen; und bliebe auch ewig sein Mund und sein Auge verschlossen, seine Seele bleibt nicht ganz ohne Sprache. Wenn die Blätter des Baumes dem armen Einsamen Kühlung herabrauschen, wenn der vorbeimurmelnde Bach ihn in den Schlaf wieget,

wieget, und der säuselnde West seine Wangen fächelt; das blöckende Schaaf giebt ihm Milch, die rieselnde Quelle Wasser, der rauschende Baum Früchte; — Interesse genug, diese wohlthätigen Wesen zu kennen, Dringniß genug, ohne Augen und Zunge in seiner Seele sie zu nennen. Der Baum wird ihm der Rauscher, der West Säusler, die Quelle Riesler heißen; da liegt ein kleines Wörterbuch fertig, und wartet auf das Gepräge der Sprachorgane. Wie arm, und sonderbar aber müßten die Vorstellungen sein, die dieser Verstümmelte mit solchen Schällen verbindet! *)

Nun lasset dem Menschen alle Sinne frei; er sehe und taste und fühle zugleich alle Wesen, die in sein Ohr reden; welch ein weiterer Lehrsaal der Ideen und der Sprache! Führet keinen Merkur und Apollo, als Opernmaschinen von den Wolken herunter; die ganze, vieltönige göttliche Natur ist dem Menschen Sprachleh-

rerinn

*) Diderot ist in seinem lehrreichen Briefe sur les sourds & muets kaum auf diese Hauptmaterie gekommen, da er sich meistens nur mit Inversionen und andern Feinheiten in ihm beschäftigt.

rerinn und Muse. Da führet sie alle Geschöpfe bei ihm vorbei; jedes trägt seinen Namen auf der Zunge, und nennet sich diesem verhüllten sichtbaren Gotte selbst als sein Vasall und Diener. Es liefert ihm, wie einen Tribut, sein Merkwort ins Buch seiner Herrschaft, damit er sich bei diesem Namen seiner erinnere, es bei demselben künftig rufe und genieße. Ich frage, ob je diese Wahrheit: „eben der Verstand, durch den der Mensch über die Natur „herrschet, war der Vater einer lebendigen „Sprache, die er aus Tönen schallender Wesen zu Merkmalen der Unterscheidung abzog;" ich frage, ob je dieser trockne Satz auf morgenländische Weise edler und schöner könne gesagt werden, als: „Gott führte die Thiere zu „ihm, daß er sähe, wie er sie nennete; und „wie er sie nennen würde, so sollten sie heißen!" Auf morgenländische, poetische Weise kann es schwerlich bestimmter gesagt werden: „der Mensch erfand sich selbst Sprache, aus Tönen lebender Natur, zu Merkmalen seines herrschenden Verstandes." — Und das ist, was ich zu beweisen strebe.

Hätte ein Engel oder ein himmlischer Geist die Sprache erfunden: wie anders als daß ihr ganzer Bau ein Abdruck von der Denkart dieses Geistes sein müßte? Denn woran könnte ich ein Bild, von einem Engel gemalt, kennen, als an dem Englischen, Ueberirrdischen seiner Züge? Wo findet das aber bei unsrer Sprache statt? Bau, und Grundriß, ja selbst der erste Grundstein dieses Pallasts verräth Menschheit.

In welcher Sprache sind himmlische, geistige Begriffe die Ersten? Jene Begriffe, die auch nach der Ordnung unsers denkenden Geistes die Ersten sein müßten, die Subjekte, notiones communes, die Saamenkörner unsrer Erkenntniß, die Punkte, um die sich alles wendet und alles zurückführt; sind diese lebenden Punkte Elemente der Sprache? Die Subjekte müßten doch natürlicher Weise vor dem Prädikat, und die einfachsten Subjekte vor den zusammengesetzten, das was da thut und handelt, müßte vor dem, was es handelt, das Wesentliche und Gewisse vor dem Ungewissen Zufälligen vorhergegangen sein; und in unsern ursprünglichen Sprachen findet durchgängig das offenbare Gegentheil statt. Ein hörendes, aufhorchendes Geschöpf ist kennbar, aber kein himmlischer Geist: denn tönende *Verba* sind die ersten Machtelemente der ältesten Sprachen. Tönende Verba? Handlungen, und noch nichts, was da handelt? Prädikate und noch kein Subjekt? Der himmlische Genius mag dieses sich fremd finden; aber nicht das sinnliche menschliche Geschöpf: denn was rührte dies, wie wir gesehen haben, eben inniger, als diese tönenden Handlungen? Und was ist also die ganze Bauart der Sprache anders, als eine Entwickelungsweise seines Geistes, eine Geschichte seiner Entdeckungen? Der göttliche Ursprung der Sprache erklärt nichts und läßt nichts aus sich erklären; er ist, wie Bako von einer andern Sache sagt, eine heilige Vestalin, Gott geweihet aber unfruchtbar, fromm, aber zu nichts nütze! Der menschliche Ursprung erkläret alles und also sehr vieles.

Das erste Wörterbuch war aus den Lauten der Welt gesammelt. Von jedem tönenden Wesen klang sein Namen, die menschliche Seele prägte ihr Bild darauf, dachte sie als Merkzei-

 chen;

chen; wie nun anders, als daß diese tönenden Interjektionen die ersten Machtworte der Sprache würden? Und so sind z. B. die morgenländischen Sprachen voll Verba als Grundwurzeln der Sprache. Der Gedanke an die Sache selbst schwebte noch zwischen dem Handelnden und der Handlung: der Ton mußte die Sache bezeichnen, so wie die Sache den Ton gab; aus den Verbis wurden also Nomina, und Nomina aus den Verbis. Das Kind nennet das Schaaf, als Schaaf nicht: sondern als ein blöckendes Geschöpf, und macht also die Interjektion zu einem Verbo. Im Stuffengange der menschlichen Sinnlichkeit wird diese Sache erklärbar, aber nicht in der Logik des höheren Geistes.

Alle alte, wilde Sprachen sind voll von diesem Ursprunge; und in einem „philosophi„schen Wörterbuch der Morgenländer" wäre jedes Stammwort mit seiner Familie, recht gestellet, und gesund entwickelt, eine Charte vom Gange des menschlichen Geistes, eine Geschichte seiner Entwicklung, und ein ganzes solches Wörterbuch die vortreflichste

Probe

Probe von der Erfindungskunst der menschlichen Seele. Ob aber auch von der Sprach- und Lehrmethode Gottes? ich zweifle.

Indem die ganze Natur tönt: so ist einem sinnlichen Menschen nichts natürlicher, als daß er denkt, sie lebe, sie spreche, sie handle. Jener Wilde sah den hohen Baum mit seinem prächtigen Gipfel und bewunderte ihn; der Gipfel rauschte: das, sprach er, ist webende Gottheit! er fiel nieder und betete an. Sehet da die Geschichte des sinnlichen Menschen, das dunkle Band, wie aus den *Verbis Nomina* werden, und zugleich den leichtesten Schritt zur Abstraktion. Bei den Wilden von Nordamerika z. B. ist noch alles belebt: jede Sache hat ihren Genius, ihren Geist; und daß es bei Griechen und Morgenländern eben so gewesen; davon zeugt ihr ältestes Wörterbuch, ihre älteste Grammatik. Sie sind, wie es die ganze Natur dem Erfinder war, ein Pantheon, ein Reich belebter, handelnder Wesen.

Indem der Mensch aber alles auf sich bezog: indem alles mit ihm zu sprechen schien,

und

und wirklich für oder gegen ihn handelte: indem er also an ihm oder dagegen Theil nahm, es liebte oder haßte, und sich alles menschlich vorstellte; so drückten sich alle diese Spuren der Menschlichkeit natürlich auch in die ersten Namen. Auch sie sprachen Liebe oder Haß, Fluch oder Seegen, Theilnehmung oder Widrigkeit, und insonderheit wurden aus diesem Gefühl in so vielen Sprachen die Artikel. Da wurde alles menschlich zu Weib und Mann personificirt: überall Götter, Göttinnen, handelnde, bösartige oder gute Wesen; der brausende Sturm, und der süße Zephyr, die klare Wasserquelle und der mächtige Ocean — ihre ganze Mythologie liegt in den Fundgruben, den Verbis und Nominibus der alten Sprachen, und das älteste Wörterbuch war so ein tönendes Pantheon, ein Versammlungssaal beider Geschlechter, als den Sinnen des ersten Erfinders die Natur war. In diesem Betracht ist die Sprache jener alten Wilden ein Studium in den Irrgängen menschlicher Phantasie und Leidenschaften, wie ihre Mythologie. Jede Familie von Wörtern ist ein

ein verwachsnes Gebüsch rings um eine sinnliche Hauptidee, wie um eine heilige Eiche, auf der noch Spuren sind, welchen Eindruck der Erfinder von ihrer Dryade hatte. Die Gefühle sind ihm zusammengewebt: „was sich beweget, lebt: was da tönet, spricht — und da es für oder wider dich tönt, so ists Freund, oder Feind: Gott oder Göttinn: es handelt aus Leidenschaften, wie du!"

Ein menschliches, sinnliches Geschöpf liebe ich über diese Denkart: ich sehe überall den schwachen, schüchternen Empfindsamen, der lieben, oder hassen, trauen oder fürchten muß, und diese Empfindungen aus seiner Brust über alle Wesen ausbreiten möchte. Ich sehe überall das schwache und doch mächtige Geschöpf, das das ganze Weltall nöthig hat, und alles mit sich in Krieg und Frieden verwickelt; das von allem abhängt, und doch über alles herrschen möchte. — Die Dichtung, und die Geschlechterschaffung der Sprache, sind also Interesse der Menschheit, und die Genitalien der Rede gleichsam das Mittel ihrer Entstehung. Aber nun — wenn sie ein höherer Genius aus den Sternen hinunter gebracht hätte; wie? wurde dieser Genius aus den Sternen auf unserer Erde unter dem Monde auch in solche Leidenschaften von Liebe und Schwachheit, von Haß und Furcht verwickelt, daß er alles in Zuneigung und Haß verflocht, daß er alle Worte mit Furcht und Freude bezeichnete, daß er endlich alles auf Begattungen bauete? Sah und fühlte er, wie ein Mensch siehet und fühlet, daß sich ihm die Nomina in Geschlechter und Artikel paaren mußten, daß er die Verba thätig und leidend zusammen gab, ihnen so viel ächte und Doppelkinder zuerkannte, kurz, daß er die ganze Sprache auf das Gefühl menschlicher Schwachheiten bauete? sah und fühlte er so?

Einem Vertheidiger des übernatürlichen Ursprunges ists göttliche Ordnung der Sprache: „daß die meisten Stammbücher einsyl„big, die Verba meistens zweisylbig sind, und „also die Sprache nach dem Maaße des Ge„dächtnisses eingetheilt sei.“ Das Faktum ist nicht genau, und der Schluß unsicher. In den

den Resten der für die älteste angenommenen Sprache sind die Wurzeln ordentlicher Weise zweisylbige Verba; welches ich aus dem vorigen sehr gut erklären kann, da die Hypothese des Gegentheils keinen Grund findet. Diese Verba nemlich sind auf die Laute und Interjektionen der tönenden Natur gebauet, die oft noch in ihnen tönen, hie und da auch noch als Interjektionen aufbehalten sind; meistens aber mußten sie, als halbinartikulirte Töne, verloren gehen, da sich die Sprache formte. In den morgenländischen Sprachen fehlen also diese ersten Versuche der stammelnden Zunge; aber, daß sie fehlen, und nur ihre regelmäßigen Reste in den Verbis tönen, das eben zeigt von der Ursprünglichkeit und Menschlichkeit der Sprache. Sind diese Stammwörter Schätze und Abstraktionen aus dem Verstande Gottes, oder sind sie die ersten Laute des horchenden Ohrs, die ersten Schälle der stammelnden Zunge? Das Menschengeschlecht in seiner Kindheit hat sich eben die Sprache geformt, die ein Unmündiger stammlet: es ist das lallende Wörterbuch der

Am-

Ammenstube, das natürlich im Munde der Erwachsnen sich sehr verändert.

Was so viele Alten sagen und so viel Neuere nachgesagt haben, nimmt hieraus, wie ich glaube, sein sinnliches Leben: „daß nemlich Poesie „älter gewesen sei, als Prosa!“ Denn, was war die erste Sprache als eine Sammlung von Elementen der Poesie? Eine Nachahmung der tönenden, handelnden, sich regenden Natur; aus den Interjektionen aller Wesen genommen, und von Interjektionen menschlicher Empfindung belebet; die Natursprache aller Geschöpfe, vom Verstande in Laute gedichtet, in Bilder von Handlung, Leidenschaft und lebender Einwürkung personificiret; ein Wörterbuch der Seele, das zugleich Mythologie und eine wunderbare Epopee von den Handlungen und Reden aller Wesen war. Also eine beständige Fabeldichtung voll Leidenschaft und Interesse; was ist Poesie anders? —

Ferner. Die Tradition des Alterthums sagt: die erste Sprache des menschlichen Geschlechts sei Gesang gewesen; und viele gute musikalische Leute haben geglaubt, die Menschen

könn-

könnten diesen Gesang wohl den Vögeln müßiger Weise abgelernt haben; — das ist freilich viel geglaubt! Eine große wichtige Uhr mit ihren scharfen Rädern, und neugespannten Federn, und Centnergewichten kann wohl ein Glockenspiel von Tönen machen; aber den neugeschaffnen Menschen mit seinen wirksamen Triebfedern, mit seinen Bedürfnissen, mit seinen starken Empfindungen, mit seiner fast blind beschäftigten Aufmerksamkeit, und endlich mit seiner rohen Kehle dahinsetzen, um die Nachtigall nachzuäffen, und sich von ihr eine Sprache zu ersingen: ist, in wie vielen Geschichten der Musik und Poesie es auch stehe, ziemlich unwahrscheinlich. Freilich wäre eine Sprache durch musikalische Töne möglich (wie auch Leibnitz*) auf den Gedanken gekommen ist). Aber für die ersten Naturmenschen war diese Sprache kaum möglich, so künstlich und fein ist sie. In der Reihe der Wesen hat jedes Ding seine Stimme und eine Sprache nach seiner Stimme. Die Sprache der

*) Oeuvres philosophiques publiées p. Raspe p. 232.

Liebe ist im Nest der Nachtigall süßer Gesang, wie in der Höle des Löwen Gebrüll: im Forste des Wildes wiehernde Brunst, und im Winkel der Katze Zettergeschrei; jede Gattung redet die ihrige, nicht für den Menschen, sondern für sich, und für sich so angenehm als Petrarchs Gesang an seine Laura. So wenig also die Nachtigall singt, um den Menschen, wie man sich einbildet, vorzusingen: so wenig wird der Mensch sich dadurch je Sprache erfinden wollen, daß er der Nachtigall nachtrillert. —

War die erste Sprache des Menschen Gesang: so wars Gesang, der ihm so natürlich, seinen Organen und Naturtrieben so angemessen war, als der Nachtigallen-Gesang ihr selbst, die gleichsam eine schwebende Kehle ist; und das war eben unsre tönende Sprache. Condillac, Rousseau und andre sind hier sehr auf den Weg gekommen, indem sie die Prosodie und den Gesang der ältesten Sprachen vom Laut der Empfindung herleiten: denn ohne Zweifel belebte die Empfindung jene ersten Töne und erhob sie. So wie aber

aus

aus den bloßen Tönen der Empfindung nie eine menschliche Sprache entstehen konnte, die dieser Gesang doch war; so fehlt noch etwas, ihn hervorzubringen: und das war eben die Namennennung eines jeden Geschöpfs nach seiner Sprache. Da sang und tönte also die ganze Natur dem Menschen vor: und der Gesang des Menschen ward ein Concert aller dieser Stimmen, so fern sie sein Verstand brauchte, seine Empfindung faßte, seine Organe sie ausdrücken konnten. Es ward Gesang, aber weder Nachtigallenlied, noch Leibnitzens musikalische Sprache, noch ein bloßes Empfindungsgeschrei der Thiere: Ausdruk der Sprache aller Geschöpfe, innerhalb der natürlichen Tonleiter der menschlichen Stimme.

Selbst als die Sprache späterhin regelmässiger und eintöniger gereihet wurde, blieb sie noch immer eine Gattung Gesang, wie es die Accente so vieler Wilden bezeugen; und daß aus diesem Gesange, als solcher nachher veredelt und verfeinert ward, die älteste Poesie und Musik entstanden, hat jetzt schon mehr als Einer bewiesen. Der philosophische Engländer,

der, *) der sich in unserm Jahrhunderte an diesen **Ursprung der Poesie und Musik** machte, hätte am weitsten kommen können, wenn er nicht den Geist der Sprache von seiner Untersuchung ausgeschlossen hätte, auch minder auf sein System ausgegangen wäre, Poesie und Musik auf Einen Vereinigungspunkt einzuschließen, als auf den Ursprung Beider aus der ganzen Natur des Menschen. Ueberhaupt, da die besten Stücke der alten Poesie Reste dieser sprachsingenden Zeiten sind; so sind die Mißkenntnisse zahlreich, die man unter dem Namen der Geschmacksfehler aus dem Gange der ältesten Gedichte, der griechischen Trauerspiele, und Deklamationen herausbuchstabirt hat. Wie viel hätte hier noch ein Philosoph zu sagen, der unter den Wilden, wo gewisser Maaße noch dies Zeitalter lebt, den Ton gelernt hätte, diese Stücke zu lesen! — Doch ich verlöre mich in ein zu weites Feld, wenn ich mich in fernere einzelne Sprachanmerkungen einlassen wollte; also zurück auf den ersten Erfindungsweg der Sprache!

Wie

*) Brown.

Wie aus Tönen vom Verstande zu Merkmalen geprägt, Worte wurden, war sehr begreiflich; aber nicht alle Gegenstände tönen; woher nun für diese sinnliche Merkworte, bei denen die Seele sie nenne? woher dem Menschen die Kunst, was nicht Schall ist, in Schall zu verwandeln? Was hat die Farbe, die Rundheit mit dem Namen gemein, der aus ihr so natürlich entstehe, wie der Name Blöcken aus dem Schaafe? Die Vertheidiger des übernatürlichen Ursprunges der Sprache wissen hier sogleich Rath. „Willkührlich! sagen sie; wer „kanns begreifen und im Verstande Gottes „nachsuchen, warum grün, grün und nicht „blau heiße? Ohne Zweifel hats ihm so beliebt!" und damit ist der Faden abgeschnitten. Alle Philosophie über die Erfindungskunst der Sprache schwebt also willkührlich in den Wolken, und für uns ist jedes Wort eine Qualitas occulta. Ich muß gestehen, daß ich in diesem Falle das Wort willkührlich nicht begreife. Eine Sprache willkührlich und ohne allen Grund der Wahl aus dem Gehirn zu erfinden, ist wenigstens für eine menschliche Seele, die zu zu Allem einen, wenn auch nur einigen, Grund haben will, solch eine Quaal, als für den Körper sich zu Tode streicheln zu lassen. Bei einem rohen sinnlichen Naturmenschen überdem, dessen Kräfte noch nicht fein genug sind, um ins Unnütze hinzuspielen, der, ungeübt und stark, nichts ohne dringende Ursache thut, und nichts vergebens thun will, bei dem ist die Erfindung einer Sprache aus schaler leerer Willkühr, der ganzen Analogie seiner Natur entgegen; und es ist überhaupt der ganzen Analogie aller menschlichen Seelenkräfte entgegen, eine aus reiner Willkühr ausgedachte Sprache.

Also zur Sache. Wie hat der Mensch, seinen Kräften überlassen, sich auch

II. eine Sprache, wo ihm kein Ton vortönte,

erfinden können? Wie hängt Gesicht und Gehör, Farbe und Wort, Duft und Ton zusammen?

Nicht unter sich in den Gegenständen; aber was sind denn diese Eigenschaften in den Gegenständen? Sie sind blos sinnliche Empfinpfindungen in uns; und als solche, fließen sie nicht Alle in Eins? Wir sind Ein denkendes sensorium commune, nur von verschiednen Seiten berührt — Da liegt die Erklärung.

Allen Sinnen liegt Gefühl zum Grunde, und dies giebt den verschiedenartigsten Sensationen schon ein so inniges, starkes, unaussprechliches Band, daß aus dieser Verbindung die sonderbarsten Erscheinungen entstehen. Mir ist mehr als Ein Beispiel bekannt, da Personen natürlich, vielleicht aus einem Eindruck der Kindheit, nicht anders konnten, als unmittelbar durch eine schnelle Anwandelung mit diesem Schall jene Farbe, mit dieser Erscheinung jenes ganz verschiedne, dunkle Gefühl verbinden, was durch die Vergleichung der langsamen Vernunft mit ihr gar keine Verwandtschaft hat: denn wer kann Schall und Farbe, Erscheinung und Gefühl vergleichen? Wir sind voll solcher Verknüpfungen der verschiedensten Sinne; nur wir bemerken sie nicht anders, als in Anwandlungen, die uns aus der Fassung setzen, in Krankheiten der Phantasie, oder bei

Gelegenheiten, wo sie ausserordentlich merkbar werden. Der gewöhnliche Lauf unsrer Gedanken geht so schnell, die Wellen unsrer Empfindungen rauschen so dunkel in einander, es ist auf Einmal so viel in unsrer Seele, daß wir in Absicht der meisten Ideen wie im Schlummer an einer Wasserquelle sind, wo wir freilich noch das Rauschen jeder Welle hören, aber so leise, daß uns endlich der Schlaf alles merkbare Gefühl nimmt. Wäre es möglich, daß wir die Kette unsrer Gedanken anhalten, und an jedem Gliede seine Verbindung suchen könnten; welche Sonderbarkeiten! welche fremde Analogieen der verschiedensten Sinne würden wir wahrnehmen, nach denen doch die Seele geläufig handelt! Wir wären alle, für ein blos vernünftiges Wesen, jener Gattung von Verrückten ähnlich, die klug denken, aber sehr unbegreiflich und albern verbinden.

Bei sinnlichen Geschöpfen, die durch viele verschiedne Sinne auf Einmal empfinden, ist diese Versammlung von Ideen unvermeidlich; denn was sind alle Sinne anders, als blosse Vorstellungsarten Einer positiven Kraft der Seele?

Seele? Wir unterscheiden sie; aber wieder nur durch Sinne; also Vorstellungsarten durch Vorstellungsarten. Wir lernen mit vieler Mühe sie im Gebrauche trennen; in einem gewissen Grunde aber wirken sie noch immer zusammen. Alle Zergliederungen der Sensation bei Buffons, Condillacs und Bonnets empfindendem Menschen sind Abstraktionen: der Philosoph muß Einen Faden der Empfindung liegen lassen, indem er den andern verfolgt; in der Natur aber sind alle diese Fäden Ein Gewebe. Je dunkler nun die Sinne sind, desto mehr fließen sie in einander; und je ungeübter man ist, je weniger man noch gelernet hat, einen Sinn ohne den andern zu brauchen, ihn fertig und bequem zu brauchen; desto dunkler werden die Begriffe und Eindrücke, die sie uns gewähren. — Laßt uns dies auf den Anfang der Sprache anwenden. Die Kindheit und Unerfahrenheit des menschlichen Geschlechts hat sie erleichtert.

Der Mensch trat in die Welt hin; von welchem Ocean wurde er auf Einmal bestürmt! mit welcher Mühe lernte er unterscheiden!

Sinne erkennen! erkannte Sinne allein gebrauchen! Das Sehen ist der kälteste Sinn; und wäre er immer so kalt, so entfernt, so deutlich gewesen, als ers uns durch eine Mühe und Uebung vieler Jahre geworden ist: so sehe ich freilich nicht, wie man, was man sieht, hörbar machen könne? Allein die Natur hat dafür gesorgt, und den Weg näher angezogen: denn selbst dies Gesicht war, wie Kinder und Blindgewesene zeugen, Anfangs nur Gefühl. Die meisten sichtbaren Dinge bewegen sich: viele tönen in der Bewegung; wo nicht, so liegen sie dem Auge in seinem ersten Zustande gleichsam näher, unmittelbar auf ihm, und lassen sich also fühlen. Das Gefühl liegt dem Gehör so nahe: seine Bezeichnungen z. B. hart, rauh, weich, wolligt, sammet, haarigt, starr, glatt, schlicht, borstig u. s. w. die doch alle nur Oberflächen betreffen, tönen alle, als ob mans fühlte. Die Seele, die im Gedränge solcher zusammenströmenden Empfindungen und in der Bedürfniß war, ein Wort zu schaffen, griff und bekam vielleicht das Wort eines nachbarlichen Sinnes, dessen Gefühl mit diesem zusammen-

floß;

floß; so wurden für alle und selbst für den kältesten Sinn, Worte. Der Blitz schallet nicht; wenn er nun aber ausgedrückt werden soll, dieser Bote der Mitternacht,

Der jetzt im Nu enthüllet Himm'l und Erd
Und eh ein Mensch noch sagen kann: sieh da!
Schon in den Schlund der Finsterniß hinab ist —

natürlich wirds ein Wort werden, das durch Hülfe eines Mittelgefühls dem Ohr die Empfindung des Urplötzlichschnellen giebt, die das Auge hatte — Blitz! Das Wort: Duft, Ton, süß, bitter, sauer u. s. w. tönen alle, als ob man fühlte: denn was sind ursprünglich alle Sinne anders, als Gefühl? Wie aber Gefühl sich in Laut äußern könne, das haben wir schon im ersten Abschnitte als ein unmittelbares Naturgesetz der empfindenden Maschine angenommen, das wir weiter nicht zu erklären vermögen.

Und so führen sich alle Schwierigkeiten auf folgende zwei erwiesene deutliche Sätze zurück: 1) Da alle Sinne nichts als Vorstellungsarten der Seele sind: so habe sie nur

nur deutliche Vorstellung, mithin Merkmal; mit dem Merkmal hat sie innere Sprache.

2) Da alle Sinne, insonderheit im Zustande der menschlichen Kindheit, nichts als Gefühlsarten Einer Seele sind; alles Gefühl aber nach einem Empfindungsgesetz der thierischen Natur unmittelbar seinen Laut hat: so werde dies Gefühl nur zum Deutlichen eines Merkmals erhöht; so ist das Wort zur äußern Sprache da. Hier kommen wir auf eine Menge sonderbarer Betrachtungen, „wie die Weisheit „der Natur den Menschen durchaus dazu orga„nisirt hat, um sich selbst Sprache zu erfinden." Hier ist die Hauptbemerkung.

„Da der Mensch blos durch das Gehör die „Sprache der lehrenden Natur empfängt, „und ohne das die Sprache nicht erfinden „kann: so ist Gehör auf gewisse Weise der „Mittlere seiner Sinne, die eigentliche „Thür zur Seele, und das Verbindungs„band der übrigen Sinne geworden." Ich will mich erklären.

1) Das

1) Das Gehör ist der Mittlere der menschlichen Sinne, an Sphäre der Empfindbarkeit von Außen. Gefühl empfindet alles nur in sich, und in seinem Organ: das Gesicht wirft uns große Strecken weit aus uns hinaus; das Gehör steht an Graden der Mittheilbarkeit in der Mitte. Was das für die Sprache thut? — Setzet ein Geschöpf, selbst ein vernünftiges Geschöpf, dem das Gefühl Hauptsinn wäre; wie klein ist seine Welt! und da es diese nicht durchs Gehör empfindet, so wird es sich vielleicht wie das Insekt ein Gewebe, aber nicht durch Töne eine Sprache bauen! Wiederum ein Geschöpf, ganz Auge; wie unerschöpflich ist die Welt seiner Beschauungen! wie unermeßlich weit wird es aus sich geworfen! in welche unendliche Mannigfaltigkeit zerstreuet! Seine Sprache, (wir haben davon keinen Begriff) würde eine Art unendlichfeiner Pantomime, seine Schrift eine Algebra durch Farben und Striche werden; aber eine tönende Sprache wird sie nie. Wir hörenden Geschöpfe stehn in der Mitte: wir sehen, wir fühlen; und die gesehene, gefühlte Natur tönet. Sie wird Lehr-

mei-

meisterinn zur Sprache der Töne; wir werden gleichsam Gehör durch alle Sinne.

Lasset uns diese Bequemlichkeit unsrer Stelle fühlen; denn durch sie wird jeder Sinn sprachfähig. Freilich giebt Gehör nur eigentlich Töne, und der Mensch kann nicht erfinden, sondern nur finden, nur nachahmen; allein auf der einen Seite liegt das Gefühl neben an: auf der andern ist das Gesicht der nachbarliche Sinn; die Empfindungen vereinigen sich und kommen also alle der Gegend nahe, wo Merkmale zu Schällen werden. So wird, was man sieht, so wird, was man fühlt, auch tönbar. Der Sinn zur Sprache ist unser Mittel- und Vereinigungssinn geworden; wir sind Sprachgeschöpfe.

2) Das Gehör ist der Mittlere unter den Sinnen an Deutlichkeit und Klarheit; und also wiederum Sinn zur Sprache. Wie dunkel ist das Gefühl! Es wird übertäubt, es empfindet alles in einander. Da ist mit Mühe ein Merkmal der Anerkennung abzusondern: es wird unaussprechlich.

Wiederum das Gesicht ist so helle und überglänzend, es liefert eine solche Menge von Merkmalen, daß die Seele unter der Mannichfaltigkeit erliegt, und etwa Eins nur so schwach absondern kann, daß die Wiedererkennung daran schwach wird. Das Gehör ist in der Mitte. Alle in einander fallende dunkle Merkmale des Gefühls lässet es liegen; alle zu feine Merkmale des Gesichts auch. Aber da reißt sich vom betasteten, betrachteten Objekt ein Ton los; in den sammeln sich die Merkmale jener beiden Sinne — der wird Merkwort. Das Gehör greift also von beiden Seiten um sich, macht klar, was zu dunkel; macht angenehmer, was zu helle war: bringt in das Dunkelmannichfaltige des Gefühls mehr Einheit, mehr Einheit in das Zuhellmannichfaltige des Gesichts; und da diese Anerkennung des Mannichfaltigen durch Eins, durch ein Merkmal, Sprache wird, so wird damit Sprache.

3) **Das Gehör ist der mittlere Sinn in Ansehung der Lebhaftigkeit, und also Sinn der Sprache.** Das Gefühl überwältigt; das Gesicht

sicht ist zu kalt und gleichgültig. Jenes dringt zu tief in uns, als daß es Sprache werden könnte; dies bleibt zu ruhig vor uns. Der Ton des Gehörs dringt so innig in unsre Seele, daß er Merkmal werden muß; aber noch nicht so übertäubend, daß er nicht klares Merkmal werden könnte — Das ist Sinn der Sprache.

Wie kurz, ermüdend und unausstehlich wäre die Sprache jedes gröbern Sinnes für uns! Wie verwirrend und kopfleerend für uns die Sprache des zu feinen Gesichts! Wer kann immer schmecken, fühlen und riechen, ohne nicht bald, wie Pope sagt, einen aromatischen Tod zu sterben? Und wer immer mit Aufmerksamkeit ein Farbenclavier begaffen, ohne nicht bald zu erblinden? Aber hören, gleichsam hörend Worte denken, können wir länger und fast immer; das Gehör ist also für die Seele, was die grüne, die Mittelfarbe, fürs Gesicht ist. Der Mensch ist zum Sprachgeschöpfe gebildet.

4) Das Gehör ist der mittlere Sinn in Betracht der Zeit in der es wirkt, und also Sinn der Sprache. Das Gefühl wirft alles auf Einmal in uns hin: es regt unsre Saiten

stark,

stark, aber kurz, und sprengend; das Gesicht stellt uns alles auf Einmal vor, und schreckt also den Lehrling durch die unermeßliche Tafel des Neben einander ab. Durchs Gehör, sehet, wie uns die Lehrmeisterinn der Sprache schone! Sie zählt uns nur einen Ton nach dem andern in die Seele, giebt und ermüdet nie, giebt und hat immer mehr zu geben. Sie übet also das ganze Kunststück der Methode; sie lehret progreßiv! Wer könnte da nicht Sprache fassen, sich Sprache erfinden?

5) Das Gehör ist der mittlere Sinn in Absicht des Bedürfnisses sich auszudrükken, und also Sinn der Sprache. Das Gefühl wirkt unaussprechlich-dunkel; allein um so weniger darfs ausgesprochen werden. Es geht so sehr unser Selbst an: es ist so eigennützig und in sich gesenket. Das Gesicht ist für den Spracherfinder unaussprechlich; allein was brauchts sogleich ausgesprochen zu werden? Die Gegenstände bleiben, sie lassen sich durch Winke zeigen; die Gegenstände des Gehörs aber sind mit Bewegung verbunden: sie streichen vorbei. Eben dadurch aber tönen sie auch: sie

werden aussprechlich, weil sie ausgesprochen werden müssen; und dadurch, daß sie ausgesprochen werden müssen, durch ihre Bewegung, werden sie aussprechlich. — Welche Fähigkeit zur Sprache!

6) Das Gehör ist der mittlere Sinn in Absicht seiner **Entwicklung** und also Sinn der **Sprache.** Gefühl ist der Mensch ganz: der Embryo in seinem ersten Augenblick des Lebens fühlet wie der junggeborne; das ist der Stamm der Natur, aus dem die zärteren Aeste der Sinnlichkeit wachsen, und der verflochtne Knäuel, aus dem sich alle feinere Seelenkräfte entwickeln. Wie entwickeln sich aber diese? Wie wir gesehen haben, durchs Gehör, indem die Natur die Seele zur ersten deutlichen Empfindung durch Schälle wecket, also gleichsam aus dem dunkeln Schlafe des Gefühls weckt und zu noch feinerer Sinnlichkeit reifet. — Wäre z. B. das Gesicht schon vor ihm entwickelt da, oder wäre es möglich, daß es anders als durch den Mittelsinn des Gehörs aus dem Gefühl erwecket wäre; welche weise Armuth, welche hellsehende

Dumm-

Dummheit entsprånge dem Menschen daher! Wie schwer würde es einem solchen Geschöpf, (ganz Auge) wenn es doch Mensch sein sollte, das was es såhe zu benennen, und das kalte Gesicht mit dem wårmern Gefühl, mit dem ganzen Stamme der Menschheit zu verbinden. — Doch die Instanz selbst wird widersprechend; der Weg zu Entwicklung der Menschheit, den die Natur gewåhlet, ist besser und Einzig. Da alle Sinne zusammen wirken, so sind wir durchs Gehör gleichsam immer in der Schule der Natur. Wir lernen abstrahiren, und zugleich sprechen; das Gesicht verfeint sich mit der Vernunft: Vernunft wird Gabe der Bezeichnung; und so, wenn der Mensch zu der feinsten Charakteristik sichtlicher Phånomene kommt, welch ein Vorrath von Sprache und Sprachåhnlichkeiten liegt in ihm schon fertig! Er nahm den Weg aus dem Gefühl in den Sinn seiner Phantasmen nicht anders als über den Sinn der Sprache, und hat also gelernt tönen, sowohl was er siehet, als was er fühlte.

Könnte ich nun hier alle Enden zusammen-nehmen, und mit Einemmal das Gewebe sichtbar machen, das menschliche Natur heißt: durchaus erschiene es als ein Gewebe zur Sprache. Dazu, sahen wir, war dieser positiven Denkkraft Raum und Sphäre ertheilet: dazu ihr Stoff und Materie abgewogen: dazu Gestalt und Form geschaffen: dazu endlich Sinne organisirt und gereihet. Darum denkt der Mensch nicht heller, nicht dunkler; darum sieht und fühlt er nicht schärfer, nicht länger, nicht lebhafter: darum hat er diese, nicht mehr und nicht andre Sinne; alles wiegt gegeneinander, ist ausgespart und ersetzt, mit Absicht angelegt und vertheilet. Einheit und Zusammenhang, Proportion und Ordnung. Ein Ganzes zeiget sich hier, Ein System, ein Geschöpf von Besonnenheit und Sprache, von Besinnung und Sprachschaffung. Wollte jemand nach allen Beobachtungen noch diese Bestimmung zum Sprachgeschöpfe läugnen, der müßte aus dem Beobachter der Natur erst ihr Zerstörer werden. Er müßte alle angezeigte Harmonieen in Mißtöne zerreißen, das ganze Prachtgebäude der menschlichen Kräfte in Trümmern schlagen, seine Sinnlichkeit verwüsten

wüsten, und statt des Meisterstücks der Natur ein Geschöpf fühlen, voll Mängel und Lücken, voll Schwächen und Convulsionen. Und wenn denn nun auf der andern Seite „die Spra„che auch genau so ist, wie sie nach dem „Grundriß, und der Wucht des vorigen „Geschöpfes hat entstehen müssen" —

— — — Ich gehe das letzte zu beweisen, ob gleich hier mir noch ein sehr angenehmer Spatziergang vorläge, nach den Regeln der Sulzerschen Theorie des Vergnügens es zu berechnen, „was eine Sprache durchs Ge„hör für uns für Vorzüge und Annehmlich„keiten von der Sprache andrer Sinne hätte?" Der Spatziergang führte aber zu weit; und man muß ihm entsagen, wenn noch die Hauptstraße zu sichern und zu berichtigen vorliegt. — Also Erstlich

I. „Je älter, und ursprünglicher die Spra„chen sind: desto mehr wird diese Analogie „der Sinne in ihren Wurzeln merklich!"

Wenn wir in spätern Sprachen den Zorn schon als Phänomenon des Gesichts, oder als Abstraktum in den Wurzeln charakterisiren:

z. B. durch das Funkeln der Augen, das Glühen der Wangen u. s. w. und ihn also nur sehen oder denken: so höret ihn der Morgenländer. Er höret ihn schnauben, höret ihn brennenden Rauch, und stürmende Funken sprühen. Das ward Name des Worts, die Nase Sitz des Zorns; das ganze Geschlecht der Zornwörter und Zornmetaphern schnauben gleichsam ihren Ursprung.

Wenn uns das Leben sich durch Pulsschlag, durchs Wallen und andere seine Merkmale auch in der Sprache äussert: so offenbarte es sich Jenem lautothmend. Der Mensch lebte, da er hauchte; starb, da er aushauchte: und man hört die Wurzel des Worts, wie den ersten belebten Adam, hauchen.

Wenn wir das Gebären nach unsrer Art charakterisiren: so hört jener auch in den Benennungen Geschrei der Mutterangst, oder bei Thieren das Ausschütteln eines Fruchtschlauches: um diese Mittelidee winden sich seine Bilder.

Wenn wir im Wort Morgenröthe etwa das Schöne, Glänzende, Frische, dunkel

hören:

hören: so fühlt der harrende Wandrer im Orient auch in der Wurzel des Worts den ersten, schnellen, erfreulichen Lichtstral, den unser Einer vielleicht nie gesehen, wenigstens nie mit dem Geiste gefühlt hat. Die Beispiele aus den alten und wilden Sprachen wären unzälig, wie herzlich und starkempfindend sie aus Gehör und Gefühl charakterisiren, und „ein Werk von der Art, das so „recht das Grundgefühl solcher Ideen bei verschiednen Völkern aufsuchte," wäre eine völlige Demonstration für meinen Satz, und für die menschliche Erfindung der Sprache.

II. „Je älter und ursprünglicher die Spra„chen sind, desto mehr durchkreuzen sich „auch die Gefühle in den Wurzeln der „Wörter!"

Man schlage das erste, beste morgenländische Wörterbuch auf, und man wird den Drang sehen, sich ausdrücken zu wollen. Wie der Erfinder Ideen aus einem Gefühl hinaus riß und für ein anderes borgte! wie er bei den schwersten, kältesten, deutlichsten Sinnen

nen am meisten borgte! wie Alles Gefühl und Laut werden mußte, um Ausdruck zu werden! Daher die starken kühnen Metaphern in den Wurzeln der Worte: daher die Uebertragungen aus Gefühl in Gefühl, so daß die Bedeutungen eines Stammworts, und noch mehr seiner Abstammungen gegen einander gesetzt, oft das bunteste Gemälde werden. Die genetische Ursache liegt in der Armuth der menschlichen Seele, und im Zusammenfluß der Empfindungen eines rohen Menschen. Man sieht sein Bedürfniß sich auszudrücken so deutlich: man siehts in immer grösserem Maaß, je weiter die Idee vom Gefühl und Ton in der Empfindung weglag, daß man nicht mehr an der Menschlichkeit des Ursprungs der Sprache zweifeln darf. Denn wie wollen die Verfechter einer andern Entstehung diese Durchwebung der Ideen in den Wurzeln der Wörter erklären? War Gott so Ideen- und Wortarm, daß er zu dergleichen verwirrendem Wortgebrauch seine Zuflucht nehmen mußte? Oder war er so sehr Liebhaber von Hyperbolen und kühnen Metaphern, daß er

die-

diesen Geist bis in die Grundwurzeln seiner Sprache prägte?

Die so genannte göttliche Sprache, die Ebräische, ist mit diesen Kühnheiten ganz durchwebt, so daß der Orient auch die Ehre hat, sie mit seinem Namen zu bezeichnen. Allein, daß man doch ja nicht diesen Metapherngeist deshalb Asiatisch nenne, als wenn er sonst nirgend anzutreffen wäre! In allen wilden Sprachen lebt er; nur freilich in jeder nach Maaße der Bildung der Nation und nach der Eigenheit ihrer Denkart. Ein Volk, das seine Gefühle nicht viel und nicht scharf unterschied: ein Volk, das nicht Herz genug hatte, sich auszudrücken, und Ausdrücke mächtig zu rauben, wird auch über die Nüancen des Gefühls weniger verlegen sein, oder sich mit schleichenden Halbausdrücken behelfen. Eine feurige Nation gegentheils offenbart ihren Muth in solchen Metaphern, sie möge im Orient, oder in Nordamerika wohnen. Die aber in ihrem tiefsten Grunde die meisten solcher Verpflanzungen zeigt; deren Sprache ist voraus die ärmste, die älteste;

die ursprünglichste gewesen, und die war ohne Zweifel im Orient.

Man siehet, wie schwer bei einer solchen Sprache „ein wahres Etymologikon“ sein müsse? Die so verschiedne Bedeutungen eines Radicis, die in einer Stammtafel abgeleitet und auf ihren Ursprung zurückgeführt werden sollen, sind nur durch so dunkle Gefühle, durch flüchtige Nebenideen, durch Mitempfindungen verwandt, die aus dem Grunde der Seele steigen, und wenig in Regeln gefasset werden können. Ihre Verwandschaften sind ferner so national, so sehr nach der eignen Denk- und Sehart des Volks, des Erfinders, in dem Lande, in der Zeit, unter den Umständen erzeuget, daß sie von einem Nord- und Abendländer schwer zu treffen sind, und in langen, kalten Umschreibungen unendlich leiden müssen. Da sie ferner von der Noth erzwungen, und im Affekt, im Gefühl, in der Verlegenheit des Ausdrucks erfunden wurden; welch ein Glück gehört dazu, dasselbe Gefühl zu treffen? Endlich, da in einem Wörterbuche dieser Art die Wörter, und die Bedeutungen Eines Worts aus so verschiednen Zeiten, Amässen und Denkarten gesammlet werden sollen, und sich also diese augenblicklichen Bestimmungen ins Unendliche vermehren; wie vervielfältigt sich da die Mühe! welch ein Scharfsinn wird erfordert, in diese Umstände und Bedürfnisse einzudringen, und welche Mäßigung, bei den Auslegungen verschiedner Zeiten darin Maaß zu halten! Welche Kenntniß und Biegsamkeit der Seele endlich gehört dazu, sich so ganz diesen rohen Witz, diese kühne Phantasie, dies Nationalgefühl fremder Zeiten zu geben, und es nach den unsrigen zu modernisiren! Aber eben damit würde auch „nicht blos in die Geschichte, Denkart und „Litteratur des Landes, sondern überhaupt „in die dunkle Gegend der menschlichen „Seele eine Fackel getragen, wo sich die Be„griffe durchkreuzen und verwickeln, wo „die verschiedenste Gefühle einander erzeu„gen, wo eine dringende Gelegenheit alle „Kräfte der Seele aufbietet und die ganze „Erfindungskunst, derer sie fähig ist, zei„get." Jeder Schritt wäre in einem solchen Werk Entdeckung, und jede neue Bemerkung hier-

hierüber gäbe eine immer vollständigere Induction des Beweises von der Menschlichkeit des Ursprungs der Sprache.

Schultens hat sich an der Entwicklung einiger solchen Originum der hebräischen Sprache Ruhm erworben: jede seiner Entwickelungen ist eine Probe meiner Regel; ich glaube aber vieler Ursachen wegen nicht, daß die Origines der ersten menschlichen Sprache, wenn es auch die hebräische wäre, je vollständig entwickelt werden können — —

Ich folgere noch eine Anmerkung, die zu allgemein und wichtig ist, um übergangen zu werden. Der Grund der kühnen Wortmetaphern lag in ihrer ersten Erfindung; aber wie? wenn spät nachher, da schon alles Bedürfniß weggefallen ist, aus bloßer Nachahmungssucht, oder aus Liebe zum Alterthum dergleichen Wort- und Bildergattungen nicht nur bleiben, sondern gar noch ausgedehnt und erhöhet werden? Dann, o dann wird jener erhabne Unsinn, jenes aufgedunsne Wortspiel daraus, das es im Anfange eigentlich nicht war. Dort wars kühner, männlicher Witz, der denn vielleicht

am

am wenigsten spielen wollte, wenn er am meisten zu spielen schien: es war rohe Erhabenheit der Phantasie, die solch Gefühl in solchem Worte herausarbeitete; aber nun im Gebrauche schaaler Nachahmer, ohne solches Gefühl, ohne solche Gelegenheit — Ach der Ampullen von Worten ohne Geist! der schönen oder erhabnen Luftblasen! Und das ist „das Schicksal „fast aller derer Sprachen in spätern Zei„ten gewesen, deren erste Formen so kühn „waren.“ Die spätern französischen Dichter können sich nicht versteigen, weil die späten Erfinder ihrer Sprache sich nicht verstiegen haben: ihre Sprache ist Prose der gesunden Vernunft, und hat ursprünglich fast kein poetisches Wort, das dem Dichter eigen wäre; aber die Morgenländer? die Griechen? die Engländer? und wir Deutsche?

Daraus folgt: je älter eine Sprache ist, je mehr solcher Kühnheiten in ihren Wurzeln ist, hat sie lange gelebt, und lange sich fortgebildet; um so weniger muß man auf jede Kühnheit des Ursprunges losdringen, als wenn jeder dieser sich durchkreuzenden Begriffe

griffe auch jedesmal in jedem spåten Gebrauche des Worts mit gedacht worden wåre. Die Metapher des Anfangs war Drang zu sprechen; nimmt mans nachher in jedem Fall, wo das Wort schon geläufig geworden war, und seine Schärfe abgenutzt hatte, für Fruchtbarkeit und Energie, alle solche Sonderbarkeiten zu verbinden; was für klägliche Beispiele wimmeln da in ganzen Schulen der morgenländischen Sprachen!

Noch Eins. Wenn gar an solchen kühnen Wortkämpfen, an solchen Versetzungen der Gefühle in Einen Ausdruck, an solchen Durchkreuzungen der Ideen ohne Regel und Richtschnur gewisse feine Begriffe Eines Dogma, Eines Systems hangen, oder daran geheftet werden, oder daraus untersucht werden sollen; — Himmel! wie wenig waren diese Wortversuche einer werdenden oder früh gewordnen Sprache Definitionen eines Systems, und wie oft kommt man in den Fall, Wortidole zu schaffen, an die der Erfinder, oder der spätere Gebrauch nicht dachte! — — Ich gehe zu einem neuen Canon:

III.

III. „Je ursprünglicher eine Sprache ist, je
„häufiger solche Gefühle sich in ihr
„durchkreuzen; desto weniger können
„diese einander genau und logisch un-
„tergeordnet sein. Eine solche Spra-
„che ist reich an Synonymen: bei aller
„wesentlichen Dürftigkeit hat sie den
„größten unnöthigen Ueberfluß.“

Die Vertheidiger des göttlichen Ursprunges, die in allem göttliche Ordnung zu finden wissen, können ihn hier schwerlich finden, und läugnen *) die Synonyme. — Sie läugnen? Wohlan, laß es sein, daß unter den 50 Wörtern, die der Araber für den Löwen, unter den 200, die er für die Schlange, unter den 80, die er für den Honig, und mehr als 1000, die er fürs Schwerdt hat, sich feine Unterschiede finden, oder gefunden hätten, die aber verloren gegangen wären — warum waren sie da, wenn sie verloren gehen mußten? Warum erfand Gott einen unnöthigen Wortschatz, den nur, wie die Araber sagen, ein göttlicher Prophet in seinem ganzen Umfange

fassen

*) Süßmilch §. 9.

fassen konnte? — — Vergleichungsweise aber sind diese Worte doch immer Synonyme, in Betracht der vielen andern Ideen, für welche die Wörter gar mangeln. Nun entwickle man darin göttliche Ordnung, daß Er, der den Plan der Sprache übersah, für den Stein 70 Wörter erfand, und für alle so nöthige Ideen, innerliche Gefühle, und Abstraktionen keine? daß Er dort mit unnöthigem Ueberfluß überhäufte, hier in der größten Dürftigkeit ließ, und das Bedürfniß nöthig machte, Metaphern zu usurpiren, halben Unsinn zu reden u. s. w.

Menschlich erklärt sich die Sache von selbst. So uneigentlich schwere, seltne Ideen ausgedrückt werden mußten: so häufig konntens die vorliegenden und leichten. Je unbekannter man mit der Natur war; von je mehrern Seiten man sie aus Unerfahrenheit ansehen und kaum wieder erkennen konnte; je weniger man a priori, sondern nach sinnlichen Umständen erfand: desto mehr Synonyme. Je Mehrere erfanden, je umherirrender und abgetrennter sie erfanden, und doch nur meistens in Einem Kreise für Einerlei Sachen erfanden; wenn sie nachher zusammen kamen, wenn ihre Sprachen in einen Ocean von Wörterbuch flossen: desto mehr Synonyme. Verworfen konnten alle nicht werden; denn welche sollten es werden? Sie waren bei diesem Stamm, bei dieser Familie, bei diesem Dichter einmal gebräuchlich; es ward also, wie jener Arabische Wörterbuchschreiber sagt, da er 400 Wörter vom Elend aufgezählt hatte, das vierhunderteste Elend, die Wörter des Elends aufzählen zu müssen. Eine solche Sprache ist reich, weil sie arm ist, weil ihre Erfinder noch nicht Plan gnug hatten, arm zu werden; und der müssige Erfinder eben der unvollkommensten Sprache wäre Gott?

Die Analogieen aller wilden Sprachen bestätigen meinen Satz: jede ist auf ihre Weise verschwenderisch und dürftig; nur jede auf eigne Art. Wenn der Araber für Stein, Cameel, Schwerdt, Schlange, (Dinge, unter denen er lebt,) so viel Wörter hat; so ist die Ceylanische Sprache, den Neigungen ihres Volks gemäß, reich an Schmeicheleien, Titeln und

 Wort-

Wortgepränge. Für das Wort „Frauenzimmer“ hat sie nach Stand und Range zwölferlei Namen, da wir unhöfliche Deutsche z. E. hierinn von unsern Nachbarn borgen müssen. Nach Stand und Range wird das Du und Ihr auf achterlei Weise gegeben, und das so wohl vom Tagelöhner, als vom Hofmanne: der Wust ist Form der Sprache. In Siam gibt es achterlei Manieren Ich und Wir zu sagen, nachdem der Herr mit dem Knechte, oder der Knecht mit dem Herrn redet. Die Sprache der wilden Karaiben ist beinahe in zwo Sprachen der Weiber und Männer vertheilt, und die gemeinsten Sachen: Bette, Mond, Sonne, Bogen, benennen beide anders — welch ein Ueberfluß von Synonymen! Und doch haben eben diese Karaiben nur vier Wörter für die Farben, auf die sie alle andre beziehen müssen — welche Armuth! Die Huronen haben jedesmal ein doppeltes Verbum für eine beseelte und unbeseelte Sache: so daß Sehen bei „einen Stein sehen“ und Sehen bei „einen Menschen sehen!“ zween verschiedne Ausdrücke sind; man verfolge das durch

die

die ganze Natur — welch ein Reichthum! „Sich seines Eigenthums bedienen,“ oder „des „Eigenthums dessen, mit dem man redet“ hat immer zwei verschiedne Wörter — welch ein Reichthum! — In der Peruanischen Hauptsprache nennen sich die Geschlechter so sonderbar abgetrennt, daß die Schwester des Bruders und die Schwester der Schwester, das Kind des Vaters und der Mutter ganz verschieden heißt; und doch hat eben diese Sprache keinen wahren Pluralis! Jede dieser Synonymien hängt so sehr mit Sitte, Charakter und Ursprung des Volks zusammen; überall aber charakterisirt sich der erfindende menschliche Geist. — Ein neuer Canon:

IV. „So wie die menschliche Seele sich keiner „Abstraktion aus dem Reiche der Geister „erinnern kann, zu der sie nicht durch Gelegenheiten und Erweckungen der Sinne „gelangte: so hat auch keine Sprache ein „Abstraktum, zu dem sie nicht durch Ton „und Gefühl gelangt wäre. Und je ursprünglicher die Sprache, desto weniger „Abstraktionen, desto mehr Gefühle.“

 Ich

Ich kann in diesem unermeßlichen Felde wieder nur einige Blumen brechen:

Der ganze Bau der morgenländischen Sprachen zeuget, daß alle ihre Abstrakta voraus Sinnlichkeiten gewesen: Der Geist war Wind, Hauch, Nachtsturm. Heilig hieß abgesondert, einsam: die Seele hieß der Othem: der Zorn das Schnauben der Nase u. s. w. Die allgemeineren Begriffe wurden ihr also erst später durch Abstraktion, Witz, Phantasie, Gleichniß, Analogie u. s. w. angebildet; im tiefsten Abgrunde der Sprache liegt keine Einzige!

Bei allen Wilden findet dasselbe nach Maaß ihrer Cultur statt. In der Sprache von Barantola wußte man nicht heilig, und bei den Hottentotten nicht das Wort Geist zu finden. Die Mißionarien in allen Welttheilen klagen über die Schwierigkeit, christliche Begriffe den Wilden in ihren Sprachen mitzutheilen; und doch durften diese Mittheilungen ja nimmer eine scholastische Dogmatik, sondern nur die gemeinen Begriffe des gemeinen Verstandes sein. Wenn man hie und da Proben ihres Vortra-

ges

ges unter den Wilden, auch nur unter den ungebildeten Sprachen Europens, z. B. der Lappländischen, Finnischen, Esthnischen übersetzt lieset, und die Sprachlehren und Wörterbücher dieser Völker siehet: so werden die Schwierigkeiten offenbar.

Will man den Mißionarien nicht glauben: so lese man die Philosophen, de la Condamine in Peru und am Amazonenstrome, Maupertuis in Lappland u. s. w. Zeit, Dauer, Raum, Wesen, Stoff, Körper, Tugend, Gerechtigkeit, Freiheit, Erkenntlichkeit sind im Munde der Peruaner nicht; wenn sie gleich mit ihrer Vernunft oft zeigen, daß sie nach diesen Begriffen schliessen, und mit ihren Thaten zeigen, daß sie diese Tugenden haben. So lange sie die Idee nicht als Merkmal sich deutlich gemacht haben: so lange haben sie dazu kein Wort.

„Wo also solche Worte in die Sprache hin„eingekommen sind, siehet man ihnen offen„bar ihren Ursprung an." Die Kirchensprache der Rußischen Nation ist meistens Griechisch: die christlichen Begriffe der Letten sind deutsche

Worte, oder deutsche Begriffe lettisirt. Der Mexicaner, der seinen armen Sünder ausdrücken will, malt ihn, wie einen Knienden, der Ohrenbeicht ableget, und seine Dreieinigkeit, wie drei Gesichte mit Scheinen. Man weiß, auf welchen Wegen die meisten Abstraktionen „in unsre wissenschaftliche Sprache" gekommen sind, in Theologie und Rechtsgelehrsamkeit, in Philosophie und andre Systeme. Man weiß, wie oft Scholastiker und Polemiker nicht einmal mit Worten ihrer Sprache streiten konnten, und also Streitgewehr (Hypostasis und Substanz, ὁμοούσιος und ὁμοιούσιος) aus denen Sprachen herüberholen mußten, in denen der Begriff abstrahirt, in denen das Streitgewehr geschärft war. Unsre ganze Psychologie, so verfeinert und bestimmt sie ist, hat beinahe kein eigentliches Wort.

Dies ist so wahr, daß es sogar Schwärmern und Entzückten nicht möglich ist, ihre neuen Geheimnisse aus der Natur, aus Himmel und Hölle, anders als durch Bilder und sinnliche Vorstellungen zu charakterisiren. Swe-

den-

denborg konnte seine Engel und Geister nicht anders als aus allen Sinnen zusammenwittern; und der erhabne Klopstock, (Jenem die größeste Antithese!) seinen Himmel und Hölle nicht anders als aus sinnlichen Materialien bauen. Der Neger ruft sich seine Götter vom Gipfel der Bäume herunter, und der Chingalese erhört sich seinen Teufel aus dem Geklatsche der Wälder. Ich bin einigen dieser Abstraktionen unter verschiedenen Völkern, in verschiednen Sprachen nachgeschlichen, und habe in ihnen „die sonderbarsten Erfindungs„kunstgriffe des menschlichen Geistes" wahrgenommen; der Grund aber ist überall und immer derselbe. „Wenn der Wilde „denkt, daß dies Ding einen Geist hat: „so muß ein sinnliches Ding da sein, aus „dem er sich den Geist abstrahirt." Nur hat die Abstraktion ihre sehr verschiedne Arten, Stuffen, und Methoden. Das leichteste Beispiel, daß keine Nation in ihrer Sprache mehr, und andre Wörter habe, als sie abstrahiren gelernt, sind die ohne Zweifel sehr leichte Abstraktion, die Zahlen. Wie wenige haben die meisten Wilden, so reich, vortreflich und ausgebildet ihre Sprachen sein mögen! Nie mehr, als sie brauchten. Der handelnde Phönicier war der erste, der die Rechenkunst erfand; der seine Heerde überzählende Hirte lernt zählen: die Jagdnationen, die nie vielzählige Geschäfte haben, wissen eine Armee nicht anderst zu bezeichnen, als wie Haare auf dem Haupt. Wer mag sie zählen? Wer, der nie so weit hinauf gezählet hat, hat dazu Worte?

Ists möglich, von allen diesen Spuren des wandelnden, sprachschaffenden Geistes wegzusehen, und einen Ursprung in den Wolken zu suchen? Was hat man für einen Beweis von einem „Einzigen Worte, was nur Gott „erfinden konnte?“ Existirt in irgend einer Sprache nur ein Einziger reiner allgemeiner Begriff, der dem Menschen vom Himmel gekommen sein müßte? Wo ist er auch nur möglich? *) „Und was für hundert Gründe und „Analo-

*) Die beste Abhandlung, die ich über diese Materie kenne, ist eines Engländers: Things divine & supernatural conceived by analogy with things natural and human Lond. 1755. by

„Analogien und Beweise von der Genesis „der Sprache in der menschlichen Seele, „nach den menschlichen Sinnen, und Seh„arten giebts nicht! Wie viel Beweise von „der Fortwandrung der Sprache mit der „Vernunft, von ihrer Entwicklung aus der„selben unter allen Völkern, Weltgürteln und „Umständen!" Welches Ohr ist, das diese allgemeine Stimme der Nationen nicht höre?

Und doch seh ich mit Verwunderung, daß Hr. Süßmilch auf eben dem Wege göttliche Ordnung finde, wo ich die allermenschlichste entdecke *): nämlich, „daß man noch zur Zeit „keine Sprache entdeckt habe, die ganz zu Kün„sten und Wissenschaften ungeschickt gewesen „wäre." Was zeigt dies aber anders, als daß keine Sprache viehisch, daß sie alle menschlich sind? Wo hat man denn eine Nation entdeckt, die ganz zu Künsten und Wissenschaften ungeschickt gewesen wäre; und war das ein Wunder? „Alle Mißionarien haben mit den „wildesten Völkern reden und sie überzeugen

J 5 kön-

by the author of the procedure, extent and limits of human understanding.

*) Süßmilch §. 11.

„können: das konnte ohne Schlüsse und Grün„de nicht geschehen: ihre Sprachen mußten al„so Terminos abstractos enthalten u. s. w.“ Und wenn das, so wars göttliche Ordnung? Oder war es nicht eben die menschlichste Sache, sich Worte zu abstrahiren, wo man sie brauchte? Und welches Volk hat je eine einzige Abstraktion in seiner Sprache gehabt, die es sich nicht selbst erworben? Und waren denn bei allen Völkern gleichviel Abstraktionen? Konnten die Mißionarien sich überall gleich leicht ausdrücken, oder hat man nicht das Gegentheil aus allen Welttheilen gelesen? Und wie drückten sie sich denn aus, als daß sie ihre neuen Begriffe der Sprache nach Analogie derselben anbogen? Und geschah dies überall auf gleiche Art? — Ueber das Faktum wäre so viel, so viel zu sagen; der Schluß sagt gar das Gegentheil. „Eben weil die „menschliche Vernunft nicht ohne Abstrak„tion sein kann, und jede Abstraktion nicht „ohne Sprache wird: so muß die Sprache „auch in jedem Volk Abstraktionen enthal„ten, das ist, ein Abdruck der Vernunft

„sein,

„seln, von der sie ein Werkzeug gewesen.“ „Wie aber jede nur so viel enthält, als das „Volk hat machen können, und keine einzi„ge, die ohne Sinne gemacht wäre, als „welches ihr ursprünglich sinnlicher Ausdruck „zeigt: so ist nirgends göttliche Ordnung zu „sehen, als so fern die Sprache durchaus „menschlich ist.

V. Endlich „da jede Grammatik nur eine „Philosophie über die Sprache, und eine „Methode ihres Gebrauchs ist: so muß, „je ursprünglicher die Sprache ist, desto „weniger Grammatik in ihr sein, und „die älteste ist blos das vorangezeigte „Wörterbuch der Natur.“ Ich zeichne aus vielen Steigerungen aus.

1) Deklinationen und Conjugationen sind nichts anders, als Verkürzungen und Bestimmungen des Gebrauchs der Nominum und Verborum nach Zahl, Zeit, Art und Person. Je roher also eine Sprache, desto unregelmässiger ist sie in diesen Bestimmungen, und zeigt bei jedem Schritte den Gang der menschlichen

Ver-

Vernunft. Vornan noch ohne alle Kunst des Gebrauchs, ist sie ein simples Wörterbuch.

2) Wie Verba einer Sprache eher sind, als die von ihnen rund abstrahirten Nomina: so auch Anfangs um so mehr Conjugationen, je weniger man Begriffe unter einander zu ordnen gelernt hat. Wie viel ihrer haben die Morgenländer! und doch sinds eigentlich keine: denn was giebts noch immer für Verpflanzungen und Umwerfungen der Verborum aus Conjugation in Conjugation! Die Sache ist ganz natürlich. Da nichts den Menschen so nah angeht, wenigstens so sprachartig ihn trift, als was er erzählen soll, Thaten, Handlungen, Begebenheiten: so muß sich ursprünglich eine solche Menge Thaten und Begebenheiten sammeln, daß fast für jeden Zustand ein neues Verbum wird. „In der Huronischen Sprache wird alles conjugirt. Eine „Kunst, die nicht kann erkläret werden, läßt „darinn von den Zeitwörtern, die Nenn- die „Für- die Zuwörter unterscheiden. Die einfachen Zeitwörter haben eine doppelte Conjugation, Eine für sich und Eine, die sich auf „andre

„andre Dinge beziehet. Die dritten Personen „haben die beiden Geschlechter. Was die „Tempora anbetrift, find't man die feinen Un„terschiede, die man z. B. im Griechischen be„merket; ja wenn man die Erzählung einer „Reise thun will, so drückt man sich verschieden „aus, wenn man sie zu Lande und zu Wasser „gethan hat. Die Activa vervielfältigen sich „so oft, als es Sachen giebt, die unter das „Thun kommen: das Wort Essen verändert „sich mit jeder eßbaren Sache. Das Thun ei„ner beseelten Sache wird anders ausgedrückt, „als einer unbeseelten. Sich seines und des „Eigenthums dessen bedienen, mit dem man „redet, hat zweierlei Ausdruck u. s. w." Man denke sich alle diese Vielheit von Verbis, Modis, Temporibus, Personen, Zuständen, Geschlechtern u. s. w., welche Mühe und Kunst, dies einigermaßen unter einander zu bringen, und aus dem, was ganz Wörterbuch war, einigermaßen Grammatik zu machen? — Des P. Leri Grammatik der Topinambuer in Brasilien zeigt eben dasselbe. Denn „wie das erste „Wörterbuch der menschlichen Seele eine le„ben-

„bendige Epopee der tönenden, handelnden „Natur war: so war die erste Grammatik „fast nichts, als ein philosophischer Ver„such, diese Epopee zur regelmäßigern Ge„schichte zu machen." Sie zerarbeitet sich also mit lauter Verbis, und arbeitet in einem Chaos, das für die Dichtkunst unerschöpflich, das mehr geordnet, sehr reich für die Bestimmung der Geschichte; am spätsten aber für Axiome und Demonstrationen brauchbar ist.

3) Das Wort, was unmittelbar auf den Schall der Natur, nachahmend, folgte: folgte schon einem Vergangnen: „*Praeterita* sind „also die Wurzeln der *Verborum*, aber Praete„rita, die noch fast für die Gegenwart gelten." A priori ist das Faktum, sonderbar und unerklärlich, da die gegenwärtige Zeit die erste sein müßte, die ein Tempus erhielte, wie sie es auch in allen spätergebildeten Sprachen erhalten hat; nach der Geschichte der Spracherfindung konnte es nicht anders sein. „Die Ge„genwart zeigt man; aber das Vergangne „muß man erzählen." Und da man dies auf

so

so viel Art erzählen konnte, und Anfangs im Bedürfniß Worte zu finden es sehr vielfältig thun mußte: so wurden „in allen alten Spra„chen viel Præterita, aber nur ein oder kein „Præsens.“ Dessen hatte sich nun in den gebildetern Zeiten die Dichtkunst und Geschichte sehr, die Philosophie aber sehr wenig zu erfreuen, weil die keinen verwirrenden Vorrath liebet. Hier sind wieder Huronen, Brasilianer, Morgenländer und Griechen einander gleich: überall Spuren vom Gange des menschlichen Geistes.

4) Alle neuere philosophische Sprachen haben das Nomen feiner, das Verbum weniger, aber regelmäßiger modificirt; denn die Sprache erwuchs mehr „zur kalten Beschauung des„sen, was da ist, und was gewesen ist, als „daß sie noch ein unregelmäßig stammelndes „Gemisch von dem, was etwa gewesen ist, „geblieben wäre.“ Jenes gewöhnte man sich nach einander zu sagen, und also durch Numeros und Artikel und Casus u. s. w. zu bestimmen; „die alten Erfinder wollten Alles auf

„Ein-

„Einmal sagen *) nicht blos, was gethan „wäre, sondern wer es gethan? wenn? wie? „und wo es geschehen? Sie brachten also in „die Nomina gleich den Zustand: in jede Per„son des Verbi gleich das Genus; sie unterschie„den gleich durch præ- und afformativa, durch „af- und suffixa: Verbum und Adverbium, Ver„bum und Nomen, alles floß zusammen." Je später, desto mehr wurde unterschieden und hergezählt: aus den Hauchen wurden Artikel, aus den Ansätzen Personen, aus den Vorsätzen Modi oder Adverbia: die Theile der Rede gingen aus einander: nun ward allmählich Grammatik. So ist diese Kunst zu reden, diese Philosophie über die Sprache erst langsam und Schritt vor Schritt, Jahrhunderte und Zeiten hinab gebildet; und der erste Kopf, der an „eine wahre Philosophie der Grammatik, „an die Kunst zu reden" denkt, muß gewiß erst „die Geschichte derselben durch Völker und Stuffen hinab" überdacht haben. Hätten

*) Rousseau hat diesen Satz in seiner Hypothese divinirt, den ich hier zu bestimmen und zu beweisen suche.

ten wir doch eine solche Geschichte! Sie wäre mit allen Fortgängen und Abweichungen eine Charte von der Menschlichkeit der Sprache.

5) Aber wie hat eine Sprache ganz ohne Grammatik bestehen können? Ein bloßer Zusammenfluß von Bildern und Empfindungen ohne Zusammenhang und Bestimmung? Für beide war gesorgt: es war lebende Sprache. Da gab die große Einstimmung der Geberden gleichsam den Takt, und die Sphäre, wohin das, was man sprach, gehörte; und der große Reichthum der Bestimmungen, der im Wörterbuch selbst lag, ersetzte die Kunst der Grammatik. Sehet die alte Schrift der Mexicaner. Sie malen lauter einzelne Bilder; wo kein Bild in die Sinne fällt, haben sie sich über Striche vereinigt, und den Zusammenhang zu allem muß die Welt geben, in die es gehört, aus der es geweissagt wird. Diese „Weissagungskunst, aus einzelnen Zei„chen Zusammenhang zu errathen,“ wie weit können ihn noch nur einzelne Stumme und Taube treiben! Und wenn diese Kunst selbst mit zur Sprache gehört, wenn sie von

Jugend auf, als Sprache, mit gelernt wird; wenn sie sich mit der Tradition von Geschlechtern immer mehr erleichtert und vervollkommnet: so sehe ich nichts unbegreifliches in ihr. Je mehr sie aber erleichtert wird, desto mehr nimmt sie ab; desto mehr wird Grammatik — und das ist Stuffengang des menschlichen Geistes!

Proben davon sind z. B. des la Loubere Nachrichten von der Siamschen Sprache: wie ähnlich ist sie noch dem Zusammenhange der morgenländischen Sprachen, insonderheit ehe durch spätere Bildung noch mehr Construction in sie hineinkam. Der Siamer will sagen: „wäre ich zu Siam, so wäre ich vergnügt!" und sagt: „Wenn ich sein Stadt Siam; ich „wohl Herz viel! — Er will das Vater Unser beten, und muß sagen: „Vater, uns sein „Himmel! Namen Gottes wollen heiligen al„ler Ort u. s. w." — Wie morgenländisch und ursprünglich ist das? gerade so zusammenhangend, als eine mexikanische Bilderschrift, oder als das Stammeln der Ungelehrigen aus fremden Sprachen.

6) Noch muß ich hier eine Sonderbarkeit erklären, die ich auch in Herrn Süßmilchs göttlicher Ordnung mißverstanden sehe: „nämlich „die Mannichfaltigkeit der Bedeutungen eines „Worts nach dem Unterschiede kleiner Artiku„lationen!“ Ich finde diesen Kunstgrif fast unter allen Wilden, wie ihn z. B. Garcilasso de Vega von den Peruanern, Condamine von den Brasilianern, la Loubere von den Siamesen, Resoel von den Nordamerikanern anführt. Ich finde ihn eben so bei den alten Sprachen, z. B. der Chinesischen und den Morgenländischen, vorzüglich der Hebräischen, wo ein kleiner Schall, Accent, Hauch die ganze Bedeutung ändert; und ich finde nichts als etwas sehr Menschliches in ihm, nämlich Dürftigkeit und Bequemlichkeit der Erfinder. Sie hatten ein neues Wort nöthig; und da das müßige Erfinden aus leerem Kopf so schwer ist: so nahmen sie ein Aehnliches mit der Veränderung vielleicht nur Eines Hauches. Dies Gesetz der Sparsamkeit war ihnen Anfangs bei ihren sich durchwebenden Gefühlen sehr natürlich, und bei ihrer mächtigern

tigern Aussprache der Wörter noch ziemlich bequem; aber für einen Fremden, der sein Ohr nicht von Jugend auf daran gewöhnt hat, und dem die Sprache jetzt mit Phlegma, wo der Schall halb im Munde bleibt, vorgezischt wird, macht es die Rede oft unvernehmlich und unaussprechlich. Je mehr eine gesunde Grammatik in die Sprachen Haushaltung einführt; desto minder wird diese Kargheit nöthig. Also ist auch dies gerade das Gegentheil vom Kennzeichen einer göttlichen Erfindung, wo der Erfinder sich gewiß sehr schlecht zu helfen wußte, wenn er so etwas nöthig hatte.

7) Am offenbarsten wird endlich der Fortgang der Sprache durch die Vernunft und der Vernunft durch die Sprache, „wenn „diese schon einige Schritte gethan, wenn „in ihr schon Stücke der Kunst z. B. Gedichte existiren, wenn Schrift erfunden „ist, wenn sich Eine Gattung der Schreibart nach der andern ausbildet.“ Da kann kein Schritt gethan, kein neues Wort erfunden, keine neue glückliche Form in Gang gebracht werden, worinn nicht Abdruck der mensch-

menschlichen Seele liege. Da kommen durch Gedichte, Sylbenmaaße, eine Wahl der stärksten Worte und Farben, Ordnung und Schwung der Bilder; da kommt durch Geschichte, Unterschied der Zeiten, und Genauigkeit des Ausdrucks; da kommt endlich durch Redner die völlige Rundung des Perioden in die Sprache. So wie nun vor jedem solchen Zusatz Nichts dergleichen vorher in der Sprache lag, alles aber durch die menschliche Seele in sie gebracht wurde und hineingebracht werden konnte: wo will man dieser Hervorbringung, dieser Fruchtbarkeit Gränzen setzen? wo will man sagen: hier fing die menschliche Seele zu wirken an, aber eher nicht? Hat sie das Feinste, das Schwerste erfinden können, warum nicht das Leichtere? Konnte sie zu Stande bringen; warum nicht Versuche machen? warum nicht anfangen? Denn der Anfang war doch nichts, als die Produktion eines Worts, als Zeichen der Vernunft; und das mußte sie, blind und stumm in ihrem Innern, so wahr sie Vernunft besaß.

Ich bilde mir ein, das Können der Erfindung menschlicher Sprache sei mit dem, was ich gesagt, von Innen aus der menschlichen Seele, von Außen aus der Organisation des Menschen, und aus der Analogie aller Sprachen und Völker, theils in den

den Bestandtheilen der Rede, theils im ganzen großen Fortgange der Sprache mit der Vernunft so bewiesen, daß, wer dem Menschen nicht Vernunft abspricht, oder was eben so viel ist, wer weiß, was Vernunft ist: wer sich ferner je um die Elemente der Sprache philosophisch bekümmert, und dazu die Beschaffenheit und Geschichte der Sprachen auf dem Erdboden mit dem Auge des Beobachters in Rücksicht genommen hat; der kann nicht Einen Augenblick zweifeln, wenn ich auch weiter kein Wort hinzusetzte. Die Genesis der Sprache in der menschlichen Seele ist so demonstrativ, als irgend ein philosophischer Beweis; und die äußere Analogie aller Zeiten, Sprachen und Völker, hat solch einen Grad der Wahrscheinlichkeit, als bei der gewissesten Sache der Geschichte möglich ist. Indessen um auf immer allen Einwendungen vorzubeugen, und den Satz gleichsam auch äußerlich so gewiß zu machen, als eine philosophische Wahrheit sein kann: so lasset uns noch aus äußern Umständen und aus der ganzen Analogie der menschlichen Natur beweisen: „daß der Mensch sich seine Sprache „hat erfinden müssen; und unter welchen „Umständen er sie sich am füglichsten „habe erfinden können?“

Zwei=

Zweiter Theil.

Auf
welchem Wege der Mensch
sich am füglichsten hat
S p r a c h e
erfinden können
und müssen?

Die Natur giebt keine Kräfte umsonst. Wenn sie also dem Menschen nicht bloß Fähigkeiten gab, Sprache zu erfinden, sondern auch diese Fähigkeit zum Unterscheidungscharakter seines Wesens, und zur Triebfeder seiner vorzüglichen Richtung machte: so kam diese Kraft nicht anders als lebend aus ihrer Hand, und so konnte sie nicht anders als in eine Sphäre gesetzt sein, in der sie wirken mußte. Lasset uns einige dieser Umstände und Anliegenheiten genauer betrachten, die den Menschen, da er mit der nächsten Anlage sich Sprache zu bilden, in die Welt trat, sogleich zur Sprache veranlaßten; und da dieser Anliegenheiten viel sind, so bringe ich sie unter gewisse Hauptgesetze seiner Natur und seines Geschlechtes:

Erstes Naturgesetz.

Der Mensch ist ein freidenkendes, thätiges Wesen, dessen Kräfte in Progression fortwirken; darum sei er ein Geschöpf der Sprache!

Als ein nacktes, instinktloses Thier betrachtet, ist der Mensch das elendeste der Wesen. Da ist kein dunkler, angeborner Trieb, der ihn in sein Element, und in seinen Wirkungskreis, zu seinem Unterhalt und an sein Geschäfte ziehe. Kein Geruch und keine Witterung, die ihn auf die Kräuter hinreiße, damit er seinen Hunger stille! Kein blinder, mechanischer Lehrmeister, der für ihn sein Nest baue! Schwach und unterliegend, dem Zwist der Elemente, dem Hunger, allen Gefahren, den Klauen aller stärkern Thiere, einem tausendfachen Tode überlassen, stehet er da; einsam und einzeln; ohne den unmittelbaren Unterricht seiner Schöpferinn, und ohne die sichere Leitung ihrer Hand, von allen Seiten also verloren —

Doch

Doch so lebhaft dies Bild ausgemalt werde: so ists nicht das Bild des Menschen; es ist nur Eine Seite seiner Oberfläche, und auch die stehet im falschen Licht. Wenn Verstand und Besonnenheit die Naturgabe seiner Gattung ist: so mußte diese sich sogleich äußern, da sich die schwächere Sinnlichkeit und alle das Klägliche seiner Entbehrungen äußerte. Das Instinktlose, elende Geschöpf, das so verlassen aus den Händen der Natur kam, war auch vom ersten Augenblicke an das freithätige vernünftige Geschöpf, das sich selbst helfen sollte, und nicht anders, als konnte. Alle Mängel und Bedürfnisse, als Thier, waren dringende Anlässe, sich mit allen Kräften, als Mensch zu zeigen: so wie diese Kräfte der Menschheit nicht etwa blos schwache Schadloshaltungen gegen die ihm versagten größern Thiervollkommenheiten waren, wie eine neuere Philosophie, (die große Gönnerinn der Thiere) will; sondern sie waren, ohne Vergleichung und eigentliche Gegeneinandermessung, seine Art. Der Mittelpunkt seiner Schwere, die Hauptrichtung seiner Seelenwirkungen fiel so auf diesen Verstand,

stand, auf **menschliche Besonnenheit** hin, wie bei der Biene sogleich aufs Saugen und Bauen.

Wenn es nun bewiesen ist, daß nicht die mindeste Handlung seines Verstandes, ohne Merkwort, geschehen konnte: so war auch das erste **Moment der Besinnung, Moment zu innerer Entstehung der Sprache.**

Man lasse ihn zu dieser ersten deutlichen Besinnung so viel Zeit, als man will: man lasse, nach **Buffons** Manier, dies gewordne Geschöpf sich allmählig sammeln; man vergesse aber nicht, daß, gleich vom ersten Momente an kein Thier, sondern ein Mensch, zwar noch kein Geschöpf von Besinnung aber schon von Besonnenheit, ins Universum erwache. Nicht wie eine schwerfällige, unbehülfliche Maschine, die gehen sollte, und mit starren Gliedern nicht gehen kann: die sehen, hören, kosten sollte, und mit starren Säften im Auge, mit verhärtetem Ohr und mit versteinter Zunge nichts von alle diesem zu thun vermag; — Leute, die Zweifel der Art machen, sollten doch bedenken, daß dieser Mensch nicht aus **Platons** Höhle, aus einem finstern Kerker, wo er vom ersten Augenblick seines Lebens eine Reihe von Jahren hin, ohne Licht und Bewegung, sich mit offnen Augen blind und mit gesunden Gliedern ungelenk gesessen, sondern daß er ans den Händen der Natur, im frischsten Zustande seiner Kräfte und Säfte, und mit der besten, nächsten Anlage kam vom ersten Augenblicke an sich zu entwickeln. Ueber die ersten Momente der Sammlung und Leitung muß freilich die schaffende Vorsicht gewaltet haben — — doch es ist nicht Werk der Philosophie, das Wunderbare in diesen Momenten zu erklären; so wenig sie seine Schöpfung erklären kann. Sie nimmt ihn im ersten Zustande der freien Thätigkeit, im ersten vollen Gefühl seines gesunden Daseyns, und erklärt also diese Momente nur menschlich.

Nun darf ich mich auf das vorige beziehen. Da hier keine metaphysische Trennung der Sinne statt findet, da die ganze Maschine empfindet, und gleich vom dunkeln Gefühl herausarbeitet zur Besinnung, da dieser Punkt, die Empfindung des ersten deutlichen Merkmals, eben auf das Gehör, den mittlern Sinn zwischen

Au-

Augen und Gefühl trift: so ist die Genesis der Sprache ein so inneres Dringniß, wie der Drang des Embryos zur Geburt bei dem Moment seiner Reife. Die ganze Natur stürmt auf den Menschen, um seine Sinne zu entwickeln, bis er Mensch sei. Und wie von diesem Zustande die Sprache anfängt, so „ist die ganze

„Kette von Zuständen in der menschlichen Seele von der Art, daß jeder die Sprache fortbildet.“ —

Dies große Gesetz der Naturordnung wollen wir näher betrachten.

Thiere verbinden ihre Gedanken dunkel oder klar, aber nicht deutlich. So wie freilich die Gattungen, die nach Lebensart und Nervenbau dem Menschen am nächsten stehen, die Thiere des Feldes, oft viel Erinnerung, viel Gedächtniß, und in manchen Fällen ein stärkeres als der Mensch zeigen: so ists doch nur immer ein sinnliches Gedächtniß; und keines hat die Erinnerung je durch eine Handlung bewiesen, durch die es für sein ganzes Geschlecht seinen Zustand verbessert, und Erfahrungen generalisiret hätte, um sie in der Folge zu nutzen. Der Hund kann freilich die Geberde erkennen, die ihn geschlagen hat, und der Fuchs wird den unsichern Ort, wo ihm nachgestellt wurde, fliehen; aber keins von beiden vermag sich eine allgemeine Reflexion aufzuklären, wie es dieser schlagdrohenden Geberde, dieser Hinterlist der Jäger je auf immer entgehen könnte. Es blieb also nur immer bei dem einzelnen sinnlichen Falle hangen, und sein Gedächtniß wurde eine Reihe dieser sinnlichen Fälle, die sich produciren und reproduciren, nie aber „durch Ueberlegung" unter einander verbunden sind. Ein Mannichfaltiges ohne deutliche Einheit; ein Traum sehr sinnlicher, klarer, lebhafter Vorstellungen, ohne ein Hauptgesetz des hellen Wachens, das diesen Traum ordne.

Freilich ist unter diesen Geschlechtern und Gattungen noch ein großer Unterschied. Je enger der Kreis, je stärker die Sinnlichkeit und der Trieb, je einförmiger die Kunstfähigkeit, und das Werk ihres Lebens ist; desto weniger ist, wenigstens für uns, die geringste Progreßion durch Erfahrung merklich. Die Biene bauet in ihrer Kindheit so, wie im Alter, und wird zu Ende der Welt bauen, wie sie im Beginn der Schöpfung baute. Geschöpfe dieser Art sind einzelne Punkte, leuchtende Funken aus dem Licht des göttlichen Verstandes, die aber immer nur als dieselben Punkte leuchten. Ein erfahrner Fuchs hingegen unterscheidet sich schon sehr von dem ersten Lehrlinge der Jagd: er kennet schon viele Kunstgriffe voraus, und sucht ihnen zu entweichen; aber woher kennet er sie? und wie sucht er ihnen zu entweichen? Weil unmittelbar aus solcher und solcher Erfahrung das Gesetz dieser und keiner andern Handlung folget. In keinem Falle wirkt bei ihm deutliche Reflexion: denn werden nicht immer die klügsten Füchse noch jezt so berückt, wie vom ersten Jäger in der Welt der erste Fuchs berückt wurde? Bei dem Menschen waltet offenbar ein anderes Naturgesetz über die Succeßion seiner Ideen, Besonnenheit: sie waltet selbst noch im sinnlichen Zustande, nur in ihm minder merklich. Das unwissendste Geschöpf, wann er auf die Welt kommt; aber sogleich wird er Lehrling der Natur auf eine Weise, wie es

kein

kein Thier wird. Nicht blos ein Tag lehrt den andern: sondern jede Minute des Tages die andre: jeder Gedanke den andern. Der Kunstgrif ist seiner Seele wesentlich, nichts für diesen Augenblick zu lernen, sondern alles entweder an das zu reihen, was sie schon wußte, oder für das, was sie künftig daran zu knüpfen gedenkt, aufzubewahren. Sie berechnet also ihren Vorrath, den sie gesammlet hat, oder noch zu sammlen gedenkt, unaufhörlich; und so wird sie eine Kraft unverrückt zu sammlen. Solch eine Kette geht im Menschen bis an den Tod fort. Nie ist er gleichsam der ganze Mensch; sondern immer in Entwicklung, im Fortgange, in Vervollkommnung. Eine Wirksamkeit hebt sich durch die andre: eine baut auf die andre: eine entwickelt sich aus der andren. Es werden Lebensalter, Epochen, die wir nur nach merklichen Stuffen benennen und absondern; die aber, weil der Mensch nie fühlt, wie er wächset, sondern nur immer wie er gewachsen ist, sich in ein Unendlich-kleines theilen lassen. Wir wachsen immer aus einer Kindheit, so alt wir sein mögen, sind immer im

Gange, unruhig, ungesättigt. Das Wesentliche unsers Lebens ist nie Genuß, sondern immer Progreßion, und wir sind nie Menschen gewesen, bis wir — zu Ende gelebt haben; dahingegen die Biene schon die ganze Biene war, als sie ihre erste Zelle bauete. Zu allen Zeiten wirkt freilich dies Gesetz der Vervollkommnung, der Progreßion durch Besonnenheit, nicht gleich merklich: ist aber das minder merkliche deswegen nicht da? Im Traume, im Gedankentraume denkt der Mensch nicht so ordentlich und deutlich, als wachend; deswegen aber denkt er noch immer als ein Mensch, als Mensch in einem Mittelzustande. Bei einem Gesunden müssen seine Träume so gut eine Regel der Verbindung haben, als seine wachenden Gedanken; nur daß es nicht dieselbe Regel sein, oder diese so einförmig wirken kann, als wenn er wachend denket. Selbst diese Ausnahmen zeugen also von der Gültigkeit des Hauptgesetzes; und die offenbaren Krankheiten und unnatürlichen Zustände, Ohnmachten, Verrückungen u. s. w. bezeugen es noch mehr. Nicht jede Handlung der Seele ist unmittelbar eine Folge der Besinsinnung; jede aber eine Folge der Besonnenheit: aber keine, so wie sie beim Menschen geschiehet, könnte sich äußern, wann der Mensch nicht Mensch wäre, und nach solchem Naturgesetz dächte.

„Konnte nun der erste Zustand der Besinnung des Menschen nicht ohne Wort der Seele wirklich werden: so werden alle Zustände der Besonnenheit in ihm Sprachmäßig; seine Kette von Gedanken wird eine Kette von Worten."

Ich will nicht damit sagen, daß der Mensch jede Empfindung seines dunkelsten Gefühls zu einem Worte machen, oder sie nicht anders, als mittelst eines Worts empfinden könne; da gerade umgekehrt bewiesen ist: „was sich blos durchs dunkle Gefühl empfinden läßt, ist keines Wortes für uns fähig, weil es keines deutlichen Merkmals für uns fähig ist." Die Basis der Menschheit ist also, wenn wir von willkührlicher Sprache reden, unaussprechlich. — — Ist aber Basis die ganze Figur? Ist das Fußgestelle die ganze Bildsäule? und der Mensch seiner ganzen Natur nach eine blos

 dun-

dunkel-fühlende Auster? Lasset uns also den ganzen Faden seiner Gedanken vor uns nehmen. Da er von Besonnenheit gewebt ist: da sich in ihm kein Zustand findet, der, im Ganzen genommen, nicht selbst Besinnung sei, oder doch in Besinnung aufgeklärt werden könne: da bei ihm das Gefühl nicht herrschet, sondern die ganze Mitte seiner Natur auf feinere Sinne, das Gesicht und Gehör, fällt, und diese ihm immerfort Sprache geben: so folgt, daß, im Ganzen genommen, „auch kein „Zustand in der menschlichen Seele sei, „der nicht wortfähig sei oder wirklich „durch Worte der Seele bestimmt werde.“ Es müßte der dunkelste Schwärmer oder ein Vieh, der abstrakteste Götterseher, oder eine träumende Monade sein, der ganz ohne Worte dächte. Und in der menschlichen Seele ist, wie wir selbst in Träumen und bei Verrückten sehen, kein solcher Zustand möglich. So kühn es klinge, so ists wahr: der Mensch empfindet mit dem Verstande und spricht, indem er denket, und indem er immer so fortdenket, und, wie wir gesehen haben, jeden Gedanken in den

Stille mit dem vorigen und mit der Zukunft zusammenhält: so muß

„Jeder Zustand, der durch Reflexion „so verkettet ist, ihn besser zu denken, „mithin auch besser zu sprechen, fortlei„ten." Lasset ihm den freien Gebrauch seiner Sinne: da der Mittelpunkt dieses Gebrauchs in Gesicht und Gehör fällt, wo jenes ihm Merkmal und dieses Ton zum Merkmale giebt: so wird mit jedem leichtern, gebildetern Gebrauch dieser Sinne, auch seine Sprache fortgebildet. Lasset ihm den freien Gebrauch seiner Seelenkräfte. Da der Mittelpunkt ihres Gebrauchs auf Besonnenheit fällt, mithin nicht ohne Sprache ist, so wird mit jedem leichtern, gebildetern Gebrauch der Besonnenheit, auch seine Sprache mehr gebildet. Folglich wird „die Fortbildung der Sprache dem Men„schen so natürlich, als seine Natur „selbst."

Wer ist nun, der den Umfang der Kräfte einer Menschenseele kenne, wenn sie sich zumal in aller Anstrengung gegen Schwierigkeiten und Gefahren äußern? Wer ist, der den Grad der

Voll-

Vollkommenheit bestimme, zu dem sie durch eine beständige, innig verwickelte, und so vielfache Fortbildung gelangen kann? Und da alles auf Sprache hinaus läuft, wie ansehnlich wird es schon, was ein einzelner Mensch zur Sprache sammlen muß! Mußte sich schon der Blinde und Stumme auf seinem einsamen Eilande eine dürftige Sprache schaffen; der gesunde Mensch, der Lehrling aller Sinne, der Lehrling der ganzen Welt, wie weit reicher muß er werden! Was soll er geniessen? Thierische Sinne, einen Geruch der Witterung für die Kräuter, die ihm gesund, eine sichere Abneigung für die, so ihm schädlich sind, hat die Natur in dem Grade, wie sie solche den Thieren gab, ihm nicht gegeben. Er muß also versuchen, schmecken, wie die Europäer in Amerika den Thieren absehen, was eßbar sei, sich also Merkmale der Kräuter, mithin Sprache sammlen. Er hat nicht Stärke genug, um dem Löwen zu begegnen; er entweiche ihm also, kenne ihn von fern an seinem Schalle, und um ihm menschlich und mit Bedacht entweichen zu können, lerne er ihn und andre schädliche Thiere

deut-

deutlich erkennen, mithin sie nennen. Je mehr er nun Erfahrungen sammlet, verschiedne Dinge und von verschiednen Seiten kennen zu lernen, desto reicher wird seine Sprache. Je öfter er diese Erfahrungen, und die ihm daher gegebenen Merkmale bei sich wiederholet, desto fester und geläufiger wird seine Sprache. Je mehr er unterscheidet und unter einander ordnet, desto geordneter wird seine Sprache. Dies Geschäft Jahre durch, in einem muntern Leben, unter steten Abwechselungen, in einem beständigen Kampf mit Schwierigkeiten und mit der Nothdurft, unter einer beständigen Neuheit der Gegenstände fortgesetzt; gäbe dies einen Anfang zur Sprache, der unbeträchtlich wäre? Und siehe! es ist nur das Leben eines Einzigen Menschen.

Ein stummer Mensch, in dem Verstande, wie es die Thiere sind, der auch in seiner Seele kein Wort denken könnte, wäre das traurigste, verlassenste Geschöpf der Schöpfung, und gewissermaaße der größte Widerspruch mit sich selbst. Im ganzen Universum gleichsam

 allein

allein und einsam; an nichts geheftet und dennoch für alles da; durch nichts Fremdes gesichert, und durch sich selbst noch minder, muß der Mensch entweder unterliegen, oder über alles herrschen, mit dem Plan einer Weisheit, deren kein Thier fähig ist, entweder von Allem Besitz nehmen, oder umkommen. „Sei nichts, oder Monarch der Schöpfung durch deinen Verstand! Vergehe, oder schaffe dir Sprache!" Und wann sich nun in diesem andringenden Kreise von Bedürfnissen alle Seelenkräfte sammlen: wenn die ganze Menschheit, Mensch zu sein, strebet, wie viel kann erfunden, wie viel kann gethan und geordnet werden!

Wir gesellschaftlichen Menschen denken uns in einen solchen Zustand immer nur zitternd hinein. „Ei, sagt man, wenn der Mensch „sich gegen alles auf eine so langsame, schwa„che, unhinreichende Art erst retten soll durch „Vernunft, durch Ueberlegung; wie langsam „überlegt diese! und wie schnell, wie andrin„gend sind seine Bedürfnisse, seine Gefah„ren!" — — Es kann dieser Einwurf frei-

lich

lich mit Beispielen sehr ausgeschmückt werden; er streitet aber gegen eine ganz andre Spitze. Unsre Gesellschaft, die viele Menschen zusammengebracht hat, daß sie mit ihren Fähigkeiten und Verrichtungen Eins sein sollen, muß von Jugend auf Fähigkeiten vertheilen und Gelegenheiten ausspenden, daß Eine vor der andern gebildet werde. So wird der Eine Mensch für die Gesellschaft gleichsam ganz Algebra, ganz Vernunft; so wie sie am andern blos Herz, Muth und Faust braucht. Der nutzt ihr, daß er kein Genie und viel Fleiß; jener, daß er Genie in Einem und in allem andern nichts habe. Jedes Triebrad muß sein Verhältniß und Stelle halten; sonst machen sie kein Ganzes einer Maschine. Aber daß man diese Vertheilung der Seelenkräfte, da man viele merklich erstickt, um in Einer andre zu übertreffen, nicht in den Zustand eines natürlichen Menschen übertrage! Setzet einen Philosophen, der, in der Gesellschaft geboren und erzogen, nichts als seinen Kopf zu denken und seine Hand zum Schreiben geübet hat, setzet ihn mit Einmal aus allem Schutz, aus allen gegenseitigen Bequemlichkeiten, die ihm die Gesellschaft für seine einseitigen Dienste leistet, hinaus: er soll sich selbst in einem unbekannten Lande Unterhalt suchen, gegen die Thiere kämpfen, und in allem sein eigner Schutzgott sein; wie verlegen wird er sich dabei finden! Er hat dazu weder Sinne noch Kräfte, noch Uebung in beiden. Vielleicht hat er in den Irrgängen seiner Abstraktion, Geruch, Gesicht und Gehör, und rasche Erfindungsgabe, und gewiß jenen Muth, jene schnelle Entschließung verloren, die sich nur unter Gefahren bildet und äußert, die in steter, neuer Wirksamkeit sein will, oder sie entschläft. Ist er nun in Jahren, wo der Lebensquell seiner Geister schon stille stehet, oder zu vertrocknen anfängt: so wird es freilich ewig zu spät sein, ihn in diesen Kreis hineinbilden zu wollen: — dies ist aber nicht der gegebene Fall. Alle die Versuche zur Sprache, die ich anführe, wurden nicht gemacht, um philosophische Versuche zu sein: die Merkmale der Kräuter wurden nicht ausgefunden, wie sie Linne classifiziret: die ersten Erfahrungen sind nicht

nicht kalte, vernunftlangsame, sorgsam abstrahirende Experimente, wie sie der einsame Philosoph macht, wenn er der Natur in ihrem verborgnen Gange nachschleicht, und nicht sowohl wissen will, daß, sondern wie sie wirke? Daran war eben dem ersten Erdbewohner am wenigsten gelegen. Es durfte ihm nicht demonstrirt werden, daß dies oder jenes Kraut giftig sei; es war nicht nöthig, daß er vom Löwen erst angefallen würde, um sich vor ihm fürchten zu lernen. Seine Schüchternheit mit seiner Schwachheit, seine Besonnenheit mit aller Feinheit seiner Seelenkräfte verbunden, war genug, ihm einen behaglichen Zustand zu verschaffen, da die Natur selbst diese Triebfedern dazu für genugsam erkannt hatte. Wann wir also durchaus keinen schüchternen, abstrakten Philosophen zum Erfinder der Sprache nöthig haben, und der rohe Naturmensch, der seine Seele, wie seinen Körper, noch ganz aus Einem Stück fühlet, uns mehr, als alle sprachschaffende Akademien ist: so wollen wir uns auch keinen Gelehrten zum Muster der Sprachschöpfung nehmen, und überhaupt ein-

an-

ander nicht Staub in die Augen streuen, um bewiesen zu haben, der Mensch könne nicht sehen, weil unser bestäubtes Auge nicht zu sehen vermag.

Süßmilch hat einen ganzen Abschnitt *) darauf verwandt, um zu zeigen, „wie unmög„lich sich der Mensch eine Sprache habe fort„bilden können, wenn er sie auch durch Nach„ahmung erfunden hätte!" Daß das Erfinden durch bloße Nachahmung ohne menschliche Seele wenig Sinn habe, ist bewiesen, und wäre der Vertheidiger des göttlichen Ursprungs der Sprache dieser Sache demonstrativ gewiß gewesen: so hätte er gegen einen bloßen Unsinn nicht eine Menge halbwahrer Gründe zusammentragen dürfen, die jetzt gegen eine menschliche Erfindung der Sprache durch Verstand sämmtlich nichts beweisen. Ich kann den ganzen Abschnitt, so verflochten mit willkührlich-angenommenen Heischesätzen und falschen Axiomen über die Natur der Sprache er ist, hier nicht ganz auseinander setzen; ich nehme also nur so viel heraus, als nöthig ist, darzuthun:

*) Abschnitt 3.

thun: „daß in seinen Einwürfen die Na„tur einer sich fortbildenden menschlichen „Sprache und einer sich fortbildenden „menschlichen Seele durchaus verkannt „sei."

„Wenn man annimmt, daß die Einwohner „der ersten Welt nur aus etlichen tausend Fa„milien bestanden hätten, da das Licht des Ver„standes durch den Gebrauch der Sprache schon „so helle geschienen, daß sie eingesehen, was „die Sprache sei und daß sie also an die Ver„besserung dieses herrlichen Mittels haben kön„nen anfangen zu denken: so — — *)" aber von diesen Vordersätzen nimmt niemand nichts an. Mußte mans erst in späten Generationen einsehen lernen, was Sprache sei? Der erste Mensch sah es ein, da er den ersten Gedanken dachte. Mußte man erst in späten Generationen so weit kommen, es einzusehen, daß die Sprache zu verbessern gut sei? Der erste Mensch sah es jedesmal ein, wenn er seine ersten Merkmale besser ordnen, berichtigen, unterscheiden und zusammensetzen lernte, und verbesserte da-

*) S. 80. 81.

mit jedesmal unmittelbar die Sprache, wenn er so etwas von neuem lernte. Und denn, wie hätte sich doch durch tausend Familien hin das Licht des Verstandes durch die Sprache so helle aufklären können, wenn im Lauf dieser Generationen sich nicht schon die Sprache selbst aufgeklärt hätte. Also wäre eine Aufklärung ohne Verbesserung möglich? und hinter einer Verbesserung tausend Familien hindurch noch der Anfang zu einer Verbesserung unmöglich? —

„Würde aber nicht ein ganz unentbehrliches „Hülfsmittel dieses philosophischen und philolo„gischen Collegii, Schrift, müssen angenom„men werden?“ Nein! denn sie war kein philosophisch und philologisches Collegium, diese erste natürliche, lebendige Fortbildung der Sprache; und was könnte der Philosoph und Philolog in seinem todten Museum an einer Sprache verbessern, die in aller ihrer Wirksamkeit lebt?

„Sollen denn nun alle Völker auf gleiche „Weise mit der Verbesserung zu Werke gegan„gen sein?“ Ganz auf gleiche Weise, denn sie

ßingingen alle menschlich: so daß wir uns hier in den wesentlichen Rudimenten der Sprache Eins für alle anzunehmen getrauen. Wann das aber das größte Wunder sein soll, *) daß alle Sprachen acht *partes Orationis* haben: so ist wieder das Faktum sowohl, als der Schluß unrichtig. Nicht alle Sprachen haben von allen Zeiten herunter achte gehabt: sondern der erste Blick in die Bauart einer Sprache zeigt, daß diese achte sich auseinander allmälich entwickelt haben. In den ältesten sind Verba eher gewesen, als Nomina, und vielleicht Interjektionen eher, als selbst regelmäßige Verba. In den spätern sind Nomina mit Verbis gleich zusammen abgeleitet; allein selbst von der griechischen Sprache sagt Aristoteles, daß auch in ihr dies Anfangs alle Redetheile gewesen, und die anderen sich nur später durch die Grammatiker aus jenen entwickelt haben. Von der Huronischen habe ich eben dasselbe gelesen, und von den Morgenländischen ists offenbar. Ja was wäre es denn endlich für ein Kunststück, die willkührliche und zum Theil unphi-

la-

*) S. 31. 34.

losophische Abstraktion der Grammatiker in acht partes Orationis? Ist sie so regelmäßig und göttlich, als die Form einer Bienenzelle? Und wenn sies wäre, ist sie nicht durchaus aus der menschlichen Seele erklärbar?

„Und was sollte die Menschen zu dieser „höchstsauren Arbeit der Verbesserung gerei„zet haben?“ Es war durchaus keine saure, spekulative Stubenarbeit, durchaus keine abstrakte Verbesserung a priori; also bedurfte es gewiß auch keiner Anreizungen dazu, die nur in unserm Zustande der verfeinerten Gesellschaft statt finden. Ich muß hier meinen Philosophen ganz verlassen. Er nimmt an, daß „die ersten Verbesserer recht gute philo„sophische Köpfe gewesen sein müßten, die „gewiß weiter und tiefer gesehen, als die „meisten Gelehrte jetzt in Ansehung der „Sprache und ihrer innern Beschaffenheit zu „thun pflegen.“ Er nimmt an, daß „diese „Gelehrte überall erkannt haben müßten, daß „ihre Sprache unvollkommen, und daß sie „einer Verbesserung nicht nur fähig, sondern „auch bedürftig sei.“ Er nimmt an, daß

„sie

„sie den Zweck der Sprache haben gehörig „beurtheilen müssen u. s. w., daß die Vor„stellung dieses zu erlangenden Gutes hin„länglich, stark und lebhaft genug gewesen „sein müsse, um ein Bewegungsgrund zur „Uebernehmung dieser schweren Arbeit zu „werden." Kurz, der Philosoph unsres Zeitalters wollte sich auch aus allem Zufälligen desselben keinen Schritt hinauswagen, und konnte also auch nach solchem Gesichtspunkt von der Entstehung einer Sprache, wie mich dünkt, nicht anders, als mangelhaft schreiben. In unserm Jahrhunderte freilich hätte jene Sprache so wenig entstehen können, als sie entstehen darf.

Aber kennen wir denn nicht Menschen in so verschiednen Zeitaltern, Gegenden und Stuffen der Bildung, daß uns dies veränderte große Schauspiel nicht sicherer auf die erste Scene schließen lehrte? Wissen wir nicht, daß eben in den Winkeln der Erde, wo noch die Vernunft am wenigsten in die feine, gesellschaftliche, vielseitige, gelehrte Form gegossen ist, noch Sinnlichkeit, und roher Scharfsinn, Schlauheit, und muthige Wirksamkeit, Leidenschaft und Erfindungsgeist, kurz, die ganze ungetheilte menschliche Seele am lebhaftesten wirke? Am lebhaftesten wirke, weil sie noch auf keine langweilige Regeln gebracht, immer in einem Kreise von Bedürfnissen, von Gefahren, von andringenden Erfordernissen ganz lebt, und sich immer neu und ganz fühlet. Da, nur da zeigt sie Kräfte, sich Sprache zu bilden und fortzubilden! Da hat sie Sinnlichkeit und gleichsam Instinkt genug, um den ganzen Laut, alle sich äussernde Merkmale der lebendigen Natur so ganz zu empfinden und aufzufassen, wie wir nicht mehr können; und, wenn die Besinnung alsdann Eins derselben lostrennet, es so stark und innig zu nennen, als wirs nicht nennen würden. Je minder die Seelenkräfte noch entwickelt sind, und jede zu einer eignen Sphäre gerichtet worden; desto stärker wirken alle zusammen: desto inniger ist der Mittelpunkt ihrer Intensität. Nehmet aber diesen grossen unzerbrechlichen Pfeilbund auseinander, und ihr könnt zwar alle einzelne Pfeile zerbrechen; ihr werdet aber auch gewiß

mit

keinem Stabe die Wunder thun, die bloß durch ihre Vereinigung gethan werden konnten: mit der Einzigen kalten Abstraktionsgabe der Philosophen werdet ihr nie Sprache erfinden. — Das aber war nicht unsre Frage: denn ohne Zweifel drang jener Weltsinn tiefer, und bei dem beständigen Zusammenstrom aller Sinne, in dessen Mittelpunkt immer der innere Sinn wachte, waren immer neue Merkmale, Ordnungen, Gesichtspunkte, schnelle Schlußarten gegenwärtig; also gab es immer neue Bereicherungen der Sprache. Wenn man also nicht auf acht partes Orationis rechnen will, so empfing die menschliche Seele ihre besten Eingebungen zur Ausbildung der Sprache, so lange sie noch ohne alle Anreizungen der Gesellschaft sich selbst desto mächtiger anreizte, und sich alle die Thätigkeit der Empfindung und des Gedankens gab, die sie sich nach innerm Drange und nach äußern Erfordernissen geben mußte. Da gebar sich also Sprache mit der ganzen Entwicklung der menschlichen Kräfte.

Es ist beinahe unbegreiflich, wie unser Jahrhundert sich so tief in die Schatten, in die

 dun-

dunkeln Werkstäten des Kunstmäßigen verlieren kann; um das weite, helle Licht der uneingekerkerten Natur in andern Jahrhunderten auch nicht erkennen zu wollen. Aus den größesten Heldenthaten des menschlichen Geistes, die er nur im Zusammenstoß der lebendigen Welt thun und äußern konnte, sind Schulübungen im Staube unsrer Lehrkerker; aus den Meisterstücken menschlicher Dichtkunst und Beredsamkeit Kindereien geworden, an welchen greise Kinder und junge Kinder Phrases lernen und Regeln klauben. Wir haschen ihre Formalitäten und haben ihren Geist verloren; wir lernen ihre Sprache und fühlen kaum die lebendige Welt ihrer Gedanken. Derselbe Fall ists mit unsern Urtheilen über das Meisterstück des menschlichen Geistes, die Bildung der Sprache überhaupt. Da soll uns das todte Nachdenken Dinge lehren, die blos aus dem lebendigen Hauche der Welt, aus dem Geiste der großen wirksamen Natur den Menschen beseelen, ihn aufrufen und fortbilden konnten. Da sollen die stumpfen, späten Gesetze der Grammatiker das göttlichste sein, das wir verehren; und ver-

gessen

gessen die wahre göttliche Sprachnatur, die sich mit dem menschlichen Geiste vereint bildete; so unregelmäßig sie uns auch scheine. Die Sprachbildung ist in die Schatten der Schule gewichen, aus denen sie nichts mehr für die lebendige Welt wirket: drum soll auch nie eine hellere Welt gewesen sein, in der die ersten Sprachbildner leben, fühlen, schaffen, und dichten mußten. — Ich berufe mich auf das Gefühl derer, die den Menschen im Grunde seiner Kräfte, die das Mächtige, Große in den Sprachen der Wilden, ja das Wesen der Sprache überhaupt nicht verkennen — Daher fahre ich fort:

Zweites Naturgesetz.

Der Mensch ist seiner Bestimmung nach ein Geschöpf der Heerde, der Gesellschaft; die Fortbildung einer Sprache wird ihm also natürlich, wesentlich, nothwendig.

Das menschliche Weib hat keine Jahrszeit der Brunst, wie die Thierweiber; und die Zeugungskraft des Mannes ist nicht so ungebändigt, aber

aber fortwährend. Wenn nun Störche und Tauben Ehen haben; so wüßte ich nicht, warum sie der Mensch aus mehrern Ursachen nicht haben sollte?

Der Mensch, gegen den strupplchten Bär und den borstigen Ygel gesetzt, ist ein schwächeres, dürftigeres, nackteres Thier: er hat Höhlen nöthig, und diese werden, mit den vorigen Veranlassungen zusammen genommen, sehr natürlich gemeinschaftliche Höhlen.

Der Mensch ist ein schwächeres Thier, das in mehrern Himmelsgegenden sehr übel den Jahrszeiten ausgesetzt wäre: das menschliche Weib hat also als Schwangere, als Gebärerinn, einer gesellschaftlichen Hülfe mehr nöthig, als der Straus, der seine Eier in die Wüste leget.

Endlich insonderheit das menschliche Junge, der auf die Welt gesetzte Säugling, wie sehr ist er ein Vasall menschlicher Hülfe und geselliger Erbarmung! Aus einem Zustande, wo er als Pflanze am Herzen seiner Mutter hing, wird er auf die Erde geworfen — das schwächste hülfloseste Geschöpf unter allen Thieren,

wenn

wenn nicht mütterliche Brüste da wären, ihn zu nähren, und väterliche Knie ihm engegen kämen, um ihn als Sohn aufzunehmen. Wem leuchtet hiemit nicht eine Haushaltung der Natur zur Gesellung der Menschheit entgegen? und zwar die so unmittelbar, so nahe am Instinkt ist, als es bei einem besonnenen Geschöpf sein konnte. —

Ich muß den letzten Punkt mehr entwikkeln, denn in ihm zeigt sich das Werk der Natur am augenscheinlichsten, und mein Schluß wird hieraus um desto schneller. Wenn man, wie unsre groben Epikureer thun, aus blinder Wollust oder aus unmittelbarem Eigennutz alles erklären will; woher erklärt sich das Gefühl der Eltern gegen Kinder, samt den starken Banden, die dadurch bewirkt werden? Siehe diesen armen Erdbewohner! Er kommt elend auf die Welt, ohne zu wissen, daß er elend sei: er ist der Erbarmung bedürftig, ohne daß er sich ihrer im mindsten werth machen könnte: er weinet — aber selbst dies Weinen müßte so beschwerlich werden, als das Geheul des Philoktetes, der doch so viel Ver-

 dienste

dienste um sie hatte, den Griechen war, die ihn der wüsten Insel übergaben. Hier müßten also, nach unsrer kalten Philosophie, die Bande der Natur am ehesten reißen, wo sie am stärksten wirken! Die Mutter hat sich der Frucht die ihr so viel Ungemach machte, endlich mit Schmerzen entledigt; kommts blos auf wildes Vergnügen und auf neue Wollust an: so wirft sie sie weg. Der Vater der seine Brunst längst gekühlet hatte; was soll er sich weiter um Mutter und Kind, als um Gegenstände seiner Mühe, bekümmern: er läuft wie Rousseaus Mannthier, in den Wald und sucht sich einen andern Gegenstand seines thierischen Vergnügens. — Wie ganz umgekehrt ist hier die Ordnung der Natur bei Thieren und bei Menschen; und wie weiser ist sie! Eben die Schmerzen und Ungemächlichkeiten vermehren die mütterliche Liebe. Das Bejammerns- und nicht Liebenswürdige des Säuglings, das Hinfällige seines Temperaments, die beschwerliche, verdrießliche Mühe der Erziehung verdoppelt die Regungen seiner Eltern; die Mutter sieht den Sohn mit wär-

merer

merer Wallung an, der ihr die meisten Schmerzen gekostet, der ihr am öftersten mit seinem Abschiede gedrohet, auf den ihre meisten Zähren des Kummers flossen. Der Vater sieht den Sohn mit wärmerer Wallung an, den er frühe aus einer Gefahr riß, den er mit der größten Mühwaltung erzog, der ihm in Unterricht und Bildung das meiste kostete. Und so weiß auch „im Ganzen des Geschlechtes die Natur aus der Schwachheit Stärke zu machen.“ Eben deswegen kommt der Mensch so schwach, so dürftig, so verlassen von dem Unterricht der Natur, so ganz ohne Fertigkeiten auf die Welt, wie kein Thier, damit er, wie kein Thier, „eine Erziehung genieße, und das menschliche Geschlecht, wie kein Thiergeschlecht, ein innigverbundenes Ganze werde!“

Die jungen Enten entschlüpfen der Henne, die sie ausgebrütet, und hören, vergnügt in dem Elemente plätschernd, in welches sie der Ruf der mütterlichen Natur hinzog, die warnende rufende Stimme ihrer Stiefmutter nicht, die am Ufer jammert. So würde es das Menschenkind auch machen, wenn es mit dem Instinkt der Ente auf die Welt käme. Jeder Vogel bringt die Geschicklichkeit, Nester zu bauen aus seinem Ei, und nimmt sie auch, ohne sie fortzupflanzen, in sein Grab; die Natur hat für ihn unterrichtet. Alles bleibt also in ihrem Geschäft Einzeln, das unmittelbare Werk der Natur, und so wird „keine Progreßion der „Seele des Geschlechts," kein Ganzes, wie es die Natur am Menschen wollte. Den band sie also durch Noth und durch einen zuvorkommenden Elterntrieb, für den die Griechen das Wort στοργη hatten, an sein Geschlecht, und knüpfte dadurch „ein Band des Unterrichts und der Erziehung," das ihm wesentlich würde. Da hatten Eltern den Kreis ihrer Ideen nicht für sich gesammlet; er war zugleich da, um mitgetheilt zu werden, und der Sohn hat den Vortheil, den Reichthum ihres Geistes schon frühe, wie im Auszuge zu erben. Jene tragen die Schuld der Natur ab, indem sie lehren; diese füllen das ideenlose Bedürfniß ihrer Natur aus, indem sie lernen: so wie sie nachher wieder ihre Schuld der Natur abtragen werden, diesen Reichthum, mit Eignem Gute vermehrt, weiter fortzupflanzen. Kein einzelner Mensch ist für sich da; „er ist, in das „Ganze des Geschlechts eingewebet, er ist „nur Eins für die fortgehende Folge.“

Was dies auf die ganze Kette des Geschlechts für Wirkung habe, sehen wir später; hier schränken wir uns nur auf den Zusammenhang der ersten zween Ringe ein: auf „die Bildung „einer Familiendenkart durch den Unter„richt der Erziehung;“ und —

Da der Unterricht der eignen Seele, der Ideenkreis der Elternsprache ist: so wird „die Fortbildung des menschlichen Unter„richts durch den Geist der Familie, durch „den die Natur das ganze Geschlecht verknüpft „hat, auch Fortbildung der Sprache.“

Warum hängt dieser Unmündige so schwach und unwissend an den Brüsten seiner Mutter, an den Knieen seines Vaters? Damit er lehrbegierig sei und Sprache lerne. Er ist schwach, damit sein Geschlecht stark werde. Nun theilt sich ihm mit der Sprache, die Seele, die Denkart seiner Erzeuger mit; und sie theilen es ihm

gerne

gerne mit, weil es ihr Selbstgedachtes, Selbstgefühltes, Selbsterfundenes ist, was sie mittheilen. Der Säugling, der die ersten Worte sammlet, stammlet die Gefühle seiner Eltern wieder, und schwört mit jedem frühen Stammlen, nach welchem sich seine Zunge und Seele bildet, diese Gefühle zu verewigen, so wahr er sie Vater- oder Muttersprache nennet. Lebenslang werden diese ersten Eindrücke seiner Kindheit, diese Bilder aus der Seele und aus dem Herzen seiner Eltern in ihm leben: mit dem Wort wird das ganze Gefühl wiederkommen, was damals frühe seine Seele überströmte: mit der Idee des Worts alle Nebenideen, die ihm damals bei diesem neuen frühen Morgenblick in das Reich der Schöpfung vorlagen — sie werden wiederkommen und mächtiger wirken, als die reine, klare Hauptidee selbst. Das wird also Familiendenkart, und mithin Familiensprache. Da steht nun der Philosoph und fragt, „durch welches Gesetz denn wohl die „Menschen ihre willkührlich-erfundene Sprache einander hätten aufdringen, und den andern Theil hätten veranlassen können, das

„Ge-

„Gesetz anzunehmen?" Diese Frage, über die Rousseau so pathetisch, und ein andrer Schriftsteller so lange predigt, beantwortet sich, wenn wir einen Blick in „die Oekonomie der Natur des menschlichen Geschlechts" thun, von selbst, und man bewundert die leichten Wege, auf welchen sie ihre Zwecke erreichte.

Ist sie nicht Gesetz, und Verewigung genug, diese Familienfortbildung der Sprache? Das Weib, in der Natur so sehr der schwächere Theil, muß von dem erfahrnen, versorgenden, sprachbildenden Manne Gesetz annehmen, wenn es ja Gesetz heißen soll, was blos milde Wohlthat des Unterrichts ist. Das schwache Kind, das so eigentlich ein Unmündiger heißt, muß Sprache annehmen, da es mit ihr die Milch seiner Mutter und den Geist seines Vaters genießet, und diese Sprache muß verewigt werden, wenn etwas verewigt wird. O die Gesetze der Natur sind mächtiger, als alle Conventionen, die die schlaue Politik schließet, und der Philosoph aufzählen will. Die Worte der Kindheit, diese unsre frühen Gespielen in die Morgenröthe des Lebens, mit denen sich

unsre

unsre ganze Seele zusammen bildete — wenn werden wir sie verkennen? Wenn werden wir sie vergessen? Unsre Muttersprache war ja zugleich die erste Welt, die wir sahen, die ersten Empfindungen, die wir fühlten, die erste Wirksamkeit und Freude, die wir genossen. Die Nebenideen von Ort und Zeit, von Liebe und Haß, von Freude und Thätigkeit, und was die feurige, aufwallende Jugendseele sich dabei dachte, wird alles mit verewigt — nun wird die Sprache schon Stamm!

Und je kleiner dieser Stamm ist, desto mehr gewinnt er an innerer Stärke. Unsre Väter, die nichts selbst gedacht, nichts selbst erfunden, die alles mechanisch gelernt haben; was bekümmern sich diese um den Unterricht ihrer Söhne? um Verewigung dessen, was sie selbst nur wie im Traume besitzen? Aber der erste Vater, die ersten dürftigen Spracherfinder, die fast an jedem Worte die Arbeit ihrer Seele hingaben, die überall in der Sprache noch den warmen Schweiß fühlten, den er ihrer Wirksamkeit gekostet — welchen Informator konnten die bestellen? Die ganze Sprache ihrer Kinder war ein Dialekt ihrer Gedanken, ein Loblied ihrer Thaten, wie die Lieder Oßians auf seinen Vater Fingal.

Rousseau und andre haben viel Paradoxes über den Ursprung und das Anrecht des ersten Eigenthums gesagt; und doch, hätte der erste nur die Natur seines Thiermenschen befragt: so hätte der ihm geantwortet. Warum gehört diese Blume der Biene, die auf ihr sauget? Die Biene wird antworten: weil mich die Natur zu diesem Saugen gemacht hat: mein Instinkt, der auf diese und keine andre Blume hinfällt, ist mir Diktator genug, der mir sie und ihren Garten zum Eigenthum anweise. Wenn wir nun den ersten Menschen fragen: „Wer hat dir das Recht auf diese Kräuter „gegeben?" Was kann er antworten, als: die Natur, die mir Besinnung gab. Diese Kräuter habe ich mit Mühe kennen gelernt, mit Mühe habe ich sie mein Weib und meinen Sohn kennen gelehrt, wir alle leben von ihnen; ich habe mehr Recht daran, als die Biene, die darauf summet, und das Vieh, das darauf weidet: denn alle die haben die

Mühe

Mühe des Kennenlernens und Kennenlehrens nicht gehabt! Jeder Gedanke also, den ich darauf zeichne, ist ein Siegel meines Eigenthums, und wer mich davon vertreibet, der nimmt mir nicht blos mein Leben, wenn ich diesen Unterhalt nicht wieder finde; sondern wirklich auch den Werth meiner verlebten Jahre, meinen Schweiß, meine Mühe, meine Gedanken, meine Sprache — ich habe sie mir erworben! Und sollte für den Erstling der Menschheit eine solche Signatur der Seele auf eine Sache, durch Kennenlernen, durch Merkmal, durch Sprache, nicht mehr Recht des Eigenthums sein, als ein Stempel in der Münze?

„Wie viel Ordnung und Ausbildung „bekommt die Sprache also schon eben damit, „daß sie väterliche Lehre wird!" Wer lernt nicht, indem er lehret? Wer versichert sich nicht seiner Ideen, wer mustert nicht seine Worte, indem er sie andern mittheilt, und sie so oft von den Lippen des Unmündigen stammlen höret? Hier gewinnt also die Sprache schon eine Form der Kunst, der Methode; hier

hier wurde die erste Grammatik, die ein Abdruck der menschlichen Seele und ihrer natürlichen Logik war, schon durch eine scharfprüfende Censur berichtigt.

Rousseau, der hier nach seiner Art aufruft: „was hatte denn die Mutter ihrem Kin„de viel zu sagen? hatte das Kind nicht sei„ner Mutter mehr zu sagen? woher lernte „denn dies schon Sprache, sie seine Mutter zu „lehren?" macht auch hier, wie gewöhnlich, ein panisches Feldgeschrei. Allerdings hatte die Mutter mehr das Kind zu lehren als das Kind die Mutter, weil jene es mehr lehren konnte, und weil der mütterliche Instinkt, Liebe und Mitleiden, den Rousseau aus Barmherzigkeit den Thieren zugiebt und aus Großmuth seinem Geschlecht versaget, sie zu diesem Unterricht, wie der Ueberfluß der Milch zum Säugen, zwang. Sehen wir nicht selbst an manchen Thieren, daß die Aelteren ihre Jungen zu ihrer Lebensart gewöhnen? und wenn denn ein Vater seinen Sohn von früher Jugend an zur Jagd gewöhnte, ging dies ohne Unterricht und Sprache ab? „Ein solches Wörterdiktiren

„zeigte aber schon eine gebildete Sprache an, „die man lehrt; nicht eine, die sich erst bildet!" Abermal kein Unterschied, der eine Ausnahme machen dürfe. Freilich war die Sprache schon in dem Vater, in der Mutter gebildet, die solche ihre Kinder lehrten; aber durfte deswegen schon die Sprache ganz gebildet sein, auch die, die sie nicht lehrten? Konnten die Kinder in einer neueren, weiteren, feineren Welt nicht mehr dazu erfinden? oder ist eine zum Theil gebildete, sich aber weiter fortbildende Sprache ein Widerspruch? Wann ist die Französische, durch Akademien, Autoren und Wörterbücher sehr gebildete Sprache, denn so zu Ende gebildet, daß sie sich mit jedem neuen originalen Autor, ja mit jedem Kopfe, der neuen Ton in die Gesellschaft bringt, nicht neu bilden, oder mißbilden müßte? —

Ein andrer Vertheidiger der gegenseitigen Meinung sagt: „wie doch je die Menschen aus „Nothdurft ihre Sprache hätten fortbilden „wollen, wenn sie Lukrezens Mutum et turpe „pecus gewesen wären?" und läßt sich auf eine Menge halbwahrer Instanzen der Wilden

ein.

ein. Ich antworte blos: Niemals! Niemals hätten sie es wollen und können, wenn sie ein Mutum pecus gewesen wären. Sind aber die Wilden von der Art? ist die barbarischste menschliche Nation ohne Sprache? Und ist denn je der Mensch, als etwa in der Abstraktion der Philosophen und in einigen alten Mährchen, ein solches Mutum pecus gewesen?

Er fragt: „ob denn wohl, da alle Thiere „Zwang scheuen, und alle Menschen Faulheit „lieben, es je von den Orenocks des Condamine erwartet werden könne, daß sie ihre „langgedehnte achtsylbige, schwere und höchstbeschwerliche Sprache ändern und verbessern „sollten?" Und ich antworte: zuerst ist wieder das Faktum unrichtig, wie fast alle, die er anführt. *) „Ihre langgedehnte, achtsylbige Sprache?" das ist sie nicht. Condamine sagt blos: sie sei so eigen organisirt, daß wo sie drei oder vier Sylben aussprechen, wir 7 bis 8 schreiben müßten, und doch hätten wir sie noch nicht ganz geschrieben. Und denn „schwer, höchstbeschwerlich?" Für wen ist sie

*) Süßmilch.

dies anders als für Fremde? Und für die sollen sie sie ausbessern? Für einen kommenden Franzosen, der je kaum eine andre Sprache als die seinige, ohne sie zu verstümmeln, lernt, sollen sie sie verbessern und franzisiren? Hätten aber deswegen die Orenoker noch nichts in ihrer Sprache, ja sich noch gar keine Sprache gebildet, weil sie den Genius, der ihnen so eigen ist, um einen herabschiffenden Fremdling nicht vertauschen mögen? Ja gesetzt, sie bildeten auch nichts mehr in ihrer Sprache, auch nicht für sich; ist man denn nie gewachsen, wenn man nicht mehr wächst? und hätten die Wilden nichts gethan, weil sie nichts gern ohne Noth thun? —

Gegentheils, welch ein Schatz ist jede Familiensprache für ein werdendes Geschlecht! Fast in allen kleinen Nationen aller Welttheile, so wenig gebildet sie sein mögen, sind Lieder von ihren Vätern, Gesänge von den Thaten ihrer Vorfahren das Heiligthum ihrer Sprache, Geschichte und Dichtkunst; sie sind ihre Weisheit und Aufmunterung, ihr Unterricht, ihre Spiele und Tänze. Die Griechen sangen von

Argonauten, von Herkules und Bacchus, von Helden und Trojabezwingern: und die Celten von den Vätern ihrer Stämme, von Fingal und Oßian. Unter Peruanern und Nordamerikanern, auf den Caraibischen und Marianischen Inseln herrscht noch dieser Ursprung der Stammessprache in den Liedern ihrer Stämme und Väter; so wie fast in allen Theilen der Welt Vater und Mutter ähnliche Namen haben. Nun läßt sich auch anmerken, warum unter so manchen Völkern, von denen wir Beispiele anführten, das männliche und weibliche Geschlecht fast zwo verschiedene Sprachen habe, nämlich weil beide nach den Sitten der Nation, als das edle und unedle Geschlecht, fast zwei ganz abgetrennte Völker ausmachen, die nicht einmal zusammenspeisen. Nachdem nun die Erziehung väterlich oder mütterlich war: nach dem mußte auch die Sprache Vater- oder Muttersprache werden, so wie nach der Sitte der Römer sie gar häusliche Knechtssprache lingua vernacula ward.

Drittes Naturgesetz.

Da das ganze menschliche Geschlecht unmöglich Eine Heerde bleiben konnte: so konnte es auch nicht Eine Sprache behalten. Es ward also eine Bildung verschiedner Nationalsprachen nothwendig.

Im eigentlichen Verstande ist nie schon Eine Sprache bei Mann und Weib, Vater und Sohn, beim Kinde und Greise möglich. Man gehe z. B. unter den Morgenländern die langen und kurzen Vocale, die mancherlei Hauche und Kehlbuchstaben, die leichte und so mannichfaltige Verwechselung der Buchstaben von allerlei Organ, die Ruhe- und Sprachzeichen, mit allen Verschiedenheiten, die sich schriftlich so schwer ausdrücken lassen, Ton und Accent, Vermehrung und Verringerung desselben, und hundert andere zufällige Kleinigkeiten in den Elementen der Sprache durch; und bemerke auf der andern Seite die Verschiedenheit der Sprachwerkzeuge bei beiderlei Geschlecht, in der Jugend und im Alter, auch nur bei zween gleichen Menschen, nach so manchen Zufällen und Einzelnheiten, die den Bau dieser Organe verändern, bei so manchen Gewohnheiten, die zur zweiten Natur werden u. s. w. „So wenig als es zween Menschen „ganz von einerlei Gestalt und Gesichtszügen: so wenig kann es zwo Sprachen, auch „nur der Aussprache nach, im Munde „zweener Menschen geben, die völlig Eine „und dieselbe Sprachen wären."

Jedes Geschlecht wird in seine Sprache einen Haus- und Familienton bringen: das wird, der Aussprache nach, schon eine verschiedene Mundart.

Klima, Luft und Wasser, Speise und Trank, werden auf die Sprachwerkzeuge und natürlich auch auf die Sprache einfließen.

Die Sitte der Gesellschaft und die mächtige Göttinn Gewohnheit werden bald nach Geberden und Anstand diese Eigenheit, jene Verschiedenheit einführen; mithin wird ein Dialekt. — „Ein philosophischer Versuch „über die verwandten Spracharten der

„Morgenländer" wäre der angenehmste Beweis dieser Sätze.

Das war nur Aussprache. Aber Worte selbst, Sinn, Seele der Sprache — welch ein unendliches Feld von Verschiedenheiten thut sich mit ihnen auf! Wir haben gesehen, wie die ältesten Sprachen voll Synonyme haben werden müssen; und wenn nun von diesen Synonymen dem Einen dies, dem Andern jenes geläufiger, seinem Sehepunkt angemeßner, seinem Empfindungskreise ursprünglicher, in seiner Lebensbahn öfter vorkommend, kurz von mehrerm Eindruck auf ihn wurde; so gabs Lieblingsworte, eigne Worte, Idiotismen, ein Idiom der Sprache.

Bei jenem ging jenes Wort aus; dieses blieb. Jenes ward durch einen Nebengesichtspunkt von der Hauptsache weggebogen; hier veränderte sich mit der Zeitfolge der Geist des Hauptbegriffs selbst; da wurden also eigne Biegungen, Ableitungen, Veränderungen, Vor- und Zusätze, Versetzungen, Wegnahmen von ganzen und halben Bedeutungen, also ein neues Idiom; und das alles

ward

ward so natürlich, als Sprache dem Menschen ein Sinn seiner Seele ist.

Je lebendiger eine Sprache, je näher sie ihrem Ursprunge, und also noch in den Zeiten der Jugend- und des Wachsthums ist: desto veränderlicher ist sie. Eine Sprache, die nur in Büchern da ist, wo sie nach Regeln gelernt, nur in Wissenschaften und nicht im lebendigen Umgange gebraucht wird, wo sie ihre bestimmte Zahl von Gegenständen und von Anwendungen hat, wo also ihr Wörterbuch geschlossen, ihre Grammatik geregelt, ihre Sphäre fixirt ist; eine solche Sprache kann noch eher im Merklichen unverändert bleiben, und doch auch nur im Merklichen. Allein eine im wilden freien Leben, im Reich der großen, weiten Schöpfung, noch ohne förmlich geprägte Regeln, noch ohne Bücher und Buchstaben und angenommene Meisterstücke; so dürftig und unvollendet, um noch täglich bereichert werden zu müssen, und so jugendlich gelenkig, um es noch täglich auf den ersten Wink der Aufmerksamkeit, auf den ersten Befehl der Leidenschaft und Empfindung werden zu können; sie muß sich verändern in jeder neuen Welt, die man sieht, in jeder Methode, nach der man denkt und fortdenkt. Selbst Aegyptische Gesetze der Einförmigkeit könnten hier nicht das Gegentheil bewirken.

Nun ist offenbar der ganze Erdboden für das Menschengeschlecht und dies für den ganzen Erdboden gemacht; (ich sage nicht, jeder Bewohner der Erde, jedes Volk ist plötzlich durch den raschesten Uebersprung für das entgegengesetzteste Klima und so für alle Weltzonen geschaffen; sondern das ganze Geschlecht für den ganzen Erdkreis.) Wo wir uns umher sehen, da ist der Mensch so zu Hause, wie die Landthiere, die ursprünglich für diese Gegend bestimmet sind. Er dauret in Grönland unter dem Eise und bratet sich in Guinea unter der senkrechten Sonne; er ist auf seinem Felde, wenn er in Lappland mit dem Rennthier über den Schnee schlüpft, und wenn er die arabische Wüste mit dem durstigen Kameel durchtrabet. Die Höhle der Troglodyten und die Bergspitzen der Kabylen, der Rauchcamin der Ostiaken und der goldne Pallast des Moguls enthält Menschen.

schen. Für sie ist die Erde am Pol geplättet und am Aequator erhöhet: für sie wälzt sie sich so und nicht anders um die Sonne: für sie sind ihre Zonen und Jahreszeiten und Veränderungen; und sie wiederum sind für alle Zonen, Jahreszeiten und Veränderungen der Erde. Das Naturgesetz ist also auch hier sichtbar: „Menschen sollen überall auf der Erde wohnen, „da jede Thiergattung blos ihr Land und enJ„gere Sphäre haben kann;" der Erdbewohner wird sichtbar. Und ist das, so wird auch seine Sprache Sprache der Erde. Eine neue in jeder neuen Welt; Nationalsprache in jeder Nation; die Sprache wird ein Proteus auf der runden Oberfläche der Erde.

Manche neue Philosophen haben diesen Proteus so wenig fesseln und in seiner wahren Gestalt erblicken können, daß es ihnen wahrscheinlicher vorgekommen ist, die Natur habe in jeden großen Erdstrich so gut ein Paar Menschen zu Stammältern hinschaffen können, wie in jedes Klima eigne Thiere. Diese hätten sich sodann solch' eine eigne Land- und Nationalsprache erfunden, wie ihr ganzer Bau nur für dies

dies Land sei geschaffen gewesen. Der kleine Lappländer mit seiner Sprache und mit seinem dünnen Bart, mit seinen Geschicklichkeiten und seinem Temperament, sei ein so ursprünglich-lappländisches Menschenthier, als sein Rennthier; und der Neger mit seiner Haut, mit seiner Tintblassenschwärze, mit seinen Lippen und Haar und Truthünersprache, und Dummheit und Faulheit, sei ein natürlicher Bruder der Affen desselben Klimas. Es sei so wenig eine Einheit des Ursprungs zwischen den Sprachen der Erde auszuträumen, als zwischen der Bildung aller Menschengattungen; und es hieße sehr unweise von Gott gedacht, nur ein Paar Menschen als Stammeltern für die ganze Erde schwach und schüchtern, zum Raube der Elemente und Thiere in einem Erdewinkel dahingesetzt und einem tausendfachen Ungefähr von Gefahren überlassen zu haben — —

Wenigstens, fährt eine weniger behauptende Meinung fort, wäre die Sprache eine natürliche Produktion des menschlichen Geistes, die sich nur allmählig mit dem Menschengeschlecht nach fremden Klimaten hingezogen hätte: so

müßte

müßte sie sich auch nur allmählig verändert haben. Man müßte die Abänderung, den Fortzug, und die Verwandtschaft der Völker im Verhältnisse fortgehen sehen, und sich überall nach kleinen Nüancen von Denk- Mund- und Lebensart genaue Rechenschaft geben können. Wer aber kann das? Findet man nicht in demselben Klima, ja dicht an einander in allen Welttheilen kleine Völker, die in einerlei Kreise so verschiedne und entgegengesetzte Sprachen haben, daß alles ein Böhmischer Wald wird? Wer Reisebeschreibungen von Nord- und Süd-America, von Africa und Asien gelesen hat, dem dürfen die Stämme dieses Waldes nicht vorgerechnet werden. Hier, schließen diese Zweifler, hört also alle menschliche Untersuchung auf.

Und doch glaube ich, daß auch hier die Untersuchung nicht aufhöre, sondern daß sich diese „Verschiedenheit dicht an einander eben so „natürlich erklären lasse, als die Einheit der „Familiensprache in Einer Nation."

Die Trennung der Familien in abgesonderte Nationen geht gewiß nicht nach den langweiliweiligen Verhältnissen von Entfernung, Wanderung, neuer Beziehung und dergl., wie sie der kalte Philosoph, den Cirkel in der Hand, auf der Landkarte abmißt, und wie nach diesem Maaße große Bücher „von Verwandtschaften „der Völker" geschrieben worden, an denen alles, nur die Regel nicht, wahr ist, nach der alles berechnet ward. Thun wir einen Blick in die lebendige, wirksame Welt, so sind Triebfedern da, die die Verschiedenheit der Sprache unter den nahen Völkern sehr natürlich veranlassen müssen; nur man wolle den Menschen nach keinem Lieblingssystem zu etwas anders, als er ist, umbilden. Er ist kein Rousseauscher Waldmann: er hat Sprache. Er ist kein Hobbesischer Wolf: er hat eine Familiensprache. Er ist aber auch in andern Verhältnissen kein unzeitiges Lamm: er kann sich also auch eine entgegengesetzte Natur, Gewohnheit und Sprache bilden — Kurz! „der Grund „von dieser Verschiedenheit so naher kleiner „Völker in Sprache, Denk- und Lebensart ist „gegenseitiger Familien- und National„haß."

Ohn alle Verschwärzung und Verketzerung der menschlichen Natur können zween oder mehrere nahe Stämme, wenn wir uns in ihre Familiendenkart setzen, nicht anders, als bald Gegenstände des Zwistes finden. Nicht blos, daß ähnliche Bedürfnisse sie bald in einen Streit, wenn ich so sagen darf, des Hungers und Durstes verwickeln werden, wie sich z. B. zwo Rotten von Hirten über Brunnen und Weide zanken, und nach Beschaffenheit der Weltgegenden oft sehr natürlich zanken dürfen; ein viel heißerer Funke glimmt ihr Feuer an: **Eifersucht, Gefühl der Ehre, Stolz auf ihr Geschlecht und ihren Vorzug.** Dieselbe Familienneigung, die in sich selbst gekehret, Stärke der **Eintracht Eines** Stammes gab, macht **außer sich gekehrt**, gegen ein andres Geschlecht, Stärke der Zwietracht, Familienhaß. Dort zogs viele zu Einem desto fester zusammen; hier machts aus zwo Partelen gar bald bittere Feinde. Der Grund dieser Feindschaft und ewigen Kriege ist in solchem Falle mehr edle menschliche Schwachheit, als ein niederträchtiges Laster.

Da die Menschheit auf dieser Stuffe der Bildung mehr Kräfte der Wirksamkeit als Güter des Besitzes hat: so ist auch der Stolz auf jene mehr Ehrenpunkt, als das leidige Besitzthum der letzten, wie in spätern nervenlosen Zeiten. Ein braver Mann zu sein, und einer braven Familie zu gehören, war aber im damaligen Zeitalter fast Eins, da der Sohn, in vielem Betracht noch eigentlicher als bei uns, seine Tugend und Tapferkeit vom Vater erbte, lernte; und der ganze Stamm überhaupt bei allen Gelegenheiten für einen braven Mann stand. Es ward also bald das Wort natürlich: wer nicht mit und aus uns ist, der ist unter uns! der Fremdling ist schlechter, als wir, er ist Barbar. In diesem Verstande war Barbar das Losungswort der Verachtung: ein Fremder war zugleich ein unedlerer, der uns an Weisheit oder Tapferkeit (oder was der Ehrenpunkt des Zeitalters sei) nicht gleich kommt.

Nun ist dies freilich, wie ein Engländer richtig anmerkt, wenn es blos auf Eigennutz und Sicherheit des Besitzes ankommt, eben

kein

kein Grund zum Hasse, daß der Nachbar nicht so tapfer als wir ist: wir könnten uns vielmehr in der Stille darüber freuen. Allein eben weil diese Meinung nur Meinung, und von beiden Theilen, die gleiches Gefühl des Stammes haben, gleiche Meinung ist: so ist eben damit die Trompete des Krieges geblasen. Das sodann gilt die Ehre, das weckt den Stolz und Muth des ganzen Stammes; auf beiden Seiten entstehen Helden und Patrioten. Und weil jeden die Ursache des Krieges traf, und jeder sie einsehen und fühlen konnte; so wurde der Nationalhaß in bittern Kriegen verewigt. Und da war die zweite Synonyme fertig: wer nicht mit mir ist, ist gegen mich. Barbar und Gehäßiger; ein Fremdling, ein Feind, wie bei den Römern ursprünglich das Wort hostis! *)

Das dritte folgte unmittelbar aus den zwei ersten Stücken, nämlich eine völlige Trennung und Absonderung. Wer wollte mit einem solchen Feinde, dem verächtlichen Barbaren, was

ge-

*) Vofs. Etymol.

gemein haben? Keine Familiengebräuche, kein Andenken an Einen Ursprung, und am wenigsten Einerlei Sprache, da Sprache eigentlich „das Merkwort des Geschlechts, das „Band der Familie, das Werkzeug des „Unterrichts, ein Heldengesang von den „Thaten der Väter, und die Stimme derselben aus ihren Gräbern" war. Unmöglich konnten diese Beiden Einerlei bleiben; und so schuf dasselbe Familiengefühl, das Eine Sprache gebildet hatte, da es Nationalhaß wurde, oft Verschiedenheit, völlige Verschiedenheit der Sprache. Er ist Barbar, er redet eine fremde Sprache: dies war die dritte, so gewöhnliche Synonyme.

So umgekehrt die Etymologie dieser Worte scheine, so beweiset doch die Geschichte aller kleinen Völker und Sprachen, über welche die Frage gilt, ihre völlige Wahrheit; die Absätze der Etymologie sind nur Abstraktionen, nicht Trennungen in der Geschichte. Viele solcher nahen Polyglotten sind einander die grimmigsten, unversöhnlichsten Feinde; und zwar nicht alle aus Raub- und Habsucht, da sie oft nicht

plün-

plündern, sondern nur tödten und verwüsten, und dem Schatten ihrer Väter opfern. Schatten der Väter sind die Gottheiten, und die einzigen unsichtbaren Maschinen der ganzen blutigen Epopee, wie in den Gesängen Oßians. Sie sinds, die den Anführer in Träumen wecken und beleben, und denen er seine Nächte wacht: sie sinds, deren Namen seine Begleiter in Schwüren und Gesängen nennen: sie sinds, denen man die Gefangnen in allen Martern weihet; und sie sinds auch gegentheils, die den Gemarterten in seinen Gesängen und Todesliedern stärken. „Verewigter Familienhaß" ist also die Ursache ihrer Kriege, ihrer so eifersüchtigen Abtrennungen in Völker, die oft kaum nur Familien gleichen, und nach aller Wahrscheinlichkeit auch Ursache der „völligen „Unterschiede ihrer Gebräuche und Spra„chen."

Eine morgenländische Urkunde über die Trennung der Sprachen *) (die ich hier nur als ein poetisches Fragment zur Archäologie der Völkergeschichte betrachte) bestätigt

*) 1. Mos. 11.

durch eine sehr dichterische Erzählung, was so viel Nationen aller Welttheile durch ihr Beispiel bestätigen. „Nicht allmählig verwandel„ten sich die Sprachen," wie sie der Philosoph durch Wanderungen vervielfältigt; „die Völker „vereinigten sich, sagt das Poëm, zu einem „großen Werke; da floß über sie der Taumel „der Verwirrung, und der Vielheit der Spra„chen, daß sie abließen und sich trennten." — Was war dies, als eine schnelle Verbitterung und Zwietracht, zu der eben ein solch großes Werk den reichsten Anlaß gab? Da wachte der vielleicht bei einer kleinen Gelegenheit beleidigte Familiengeist auf: Bund und Absicht zerschlug sich; der Funke der Uneinigkeit schoß in Flammen: sie flogen aus einander, und thaten „das „jetzt um so heftiger, dem sie durch ihr „Werk hatten zuvor kommen wollen: sie „verwirrten das Eine ihres Ursprungs, „ihre Sprache. So wurden verschiedne „Völker; und da, sagt der spätere Bericht, „heißen noch die Trümmer: Verwirrung der „Völker!" — Wer den Geist der Morgenländer in ihren Einkleidungen und Geschichten

ken-

kennet, (ich will hier für die Theologie keine höhere Veranstaltung ausschließen) der wird vielleicht den sinnlich gemachten Hauptgedanken nicht verkennen, daß „Veruneinigung über ei„ner großen gemeinschaftlichen Absicht,“ und nicht blos die Völkerwanderung mit eine Ursache zu so vielen Sprachen geworden.

Aber auch dies morgenländische Zeugniß (das ich hier nur als Poëm anführen wollte) dahingestellet, siehet man, daß die Vielheit der Sprachen keinen Einwurf gegen das natürliche und menschliche der Fortbildung einer Sprache abgeben könne. Hier und da können freilich Berge durch Erdbeben hervorgehoben sein; folget aber daraus, daß die Erde im Ganzen mit ihren Gebirgen und Strömen und Meeren nicht ihre Gestalt aus Wasser könne gewonnen haben? — Nur freilich wird auch eben damit den Etymologisten und Völkerforschern ein nützlicher Stein der Behutsamkeit auf die Zunge gelegt, „aus den „Sprachunähnlichkeiten nicht zu despo„tisch auf ihre Abstammung zu schließen.“ Es können Familien sehr nahe verwandt sein, und doch Ursache gehabt haben, die Verwandtschaft der Wapen zu unterdrücken, die ihnen einst gemein gewesen. Der Geist solcher kleinen Völker giebt dazu Ursache genug.

Viertes Naturgesetz.

„So wie nach aller Wahrscheinlichkeit das
„menschliche Geschlecht Ein progressives
„Ganze von Einem Ursprunge in Einer
„großen Haushaltung ausmacht: so auch
„alle Sprachen, und mit ihnen die ganze
„Kette der Bildung."

Der sonderbare charakteristische Plan ist bemerkt, der über Einen Menschen waltet: seine Seele ist gewohnt, immer das, was sie sieht, zu reihen mit dem, was sie sah, und durch Besonnenheit wird also „ein progressives „Eins aller Zustände des Lebens, mithin „Fortbildung der Sprache."

Der sonderbare charakteristische Plan ist bemerkt, der über das Menschengeschlecht waltet, daß durch die Kette des Unterrichts Eltern

und

und Kinder Eins werden, und jedes Glied also nur von der Natur zwischen zwei andre hingeschoben wird, um zu empfangen und mitzutheilen; dadurch wird „Fortbildung der „Sprache."

Endlich geht dieser sonderbare Plan auch aufs ganze Menschengeschlecht fort; und dadurch wird „eine Fortbildung im höchsten „Verstande," die aus den beiden vorigen unmittelbar folget.

Jedes Individuum ist Mensch, folglich denkt er die Kette seines Lebens fort. Jedes Individuum ist Sohn oder Tochter, es ward durch Unterricht gebildet, folglich bekam es immer einen Theil der Gedankenschätze seiner Vorfahren frühe mit, und wird sie nach seiner Art weiter reichen; also ist auf gewisse Weise „kein „Gedanke, keine Erfindung, keine Ver„vollkommnung, die nicht weiter, fast „ins Unendliche reiche." So wie ich keine Handlung thun, keinen Gedanken denken kann, der nicht auf die ganze Unermeßlichkeit meines Daseins natürlich hinwirke; so giebt es kein Geschöpf meiner Gattung, das nicht mit jedem auch für die ganze Gattung und für das fortgehende Ganze der ganzen Gattung wirke. Jedes treibt eine große oder kleine Welle: jedes verändert den Zustand der einzelnen Seele, mithin das Ganze dieser Zustände, wirkt immer auf andre, verändert auch in diesen etwas — der erste Gedanke in der ersten menschlichen Seele hängt mit dem letzten in der letzten menschlichen Seele zusammen.

Wäre Sprache dem Menschen so angeboren, als den Bienen der Honigbau; so zerfiele mit Einmal dies größeste prächtigste Gebäude in Trümmern. Jeder brächte sich sein wenig Sprache auf die Welt, oder da doch das „auf „die Welt bringen" für eine Vernunft nichts heißt, als sie sich gleich erfinden — welch ein trauriges Einzelne würde damit jeder Mensch. Jeder erfindet seine Rudimente, stirbt über ihnen, und nimmt sie ins Grab, wie die Biene ihren Kunstbau; der Nachfolger kommt, quält sich über denselben Anfängen, kommt eben so weit, oder eben so wenig weit als jene, stirbt — und so gehts ins Unendliche. Man siehet, „der Plan, der über die Thiere geht, die

„nichts

„nichts erfinden, kann nicht über Geschöpfe ge„hen, die erfinden müssen," oder es wird ein planloser Plan! Erfindet jedes für sich allein, so wird unnütze Mühe ins Unendliche vervielfältigt, und der erfindende Verstand seines besten Preises beraubt, zu wachsen. Was für Grund hätte ich, um irgendwo in der Kette stille zu stehen, und nicht, so lange ich denselben Plan wahrnehme, auch auf die Sprache hinaufzuschließen? Kam ich auf die Welt, um sogleich in den Unterricht der Meinigen eintreten zu müssen; so mein Vater, so der erste Sohn des ersten Stammvaters auch, und wie ich meine Gedanken um mich und in meine Abfolge breite: so mein Vater, so sein Stammvater; so der Erste aller Väter. Die Kette reicht fort und steht nur „bei Einem, dem „Ersten," stille. So sind wir alle seine Söhne: von ihm fängt sich Geschlecht, Unterricht, Sprache an: Er hat zu erfinden angefangen; wir alle haben ihm nacherfunden, bilden und mißbilden. Kein Gedanke in einer menschlichen Seele war verloren; nie aber war auch Eine Fertigkeit dieses Geschlechts auf Einmal ganz da, wie bei den Thieren. „Zufolge der „ganzen Oekonomie," war sie immer im Fortschritte, im Gange: nichts Erfundnes, wie der Bau einer Zelle, sondern alles im Erfinden, im Fortwirken, strebend. In diesem Gesichtspunkt, wie groß wird die Sprache! „Eine Schatzkammer menschlicher Gedan„ken, wohin jeder auf seine Art etwas bei„trug; eine Summe der Wirksamkeit al„ler menschlichen Seelen."

Höchstens — (tritt hier die vorige Philosophie, die den Menschen gern als ein Land- und Domänengut betrachten möchte, dazwischen —) „Höchstens dürfte diese Kette doch wohl nur „bis an jeden Einzelnen ersten Stammvater „Eines Landes reichen, von dem sich sein Ge„schlecht, wie seine Landsprache erzeugte?" *) Ich wüßte nicht, warum sie nur bis dahin und nicht weiter reichen sollte? Warum diese Landesväter nicht wieder unter sich einen Erdenvater könnten gehabt haben, da „die ganze fortgehende Aehnlichkeit der Haushaltung dieses Geschlechts" es so fordert. Ja,

*) Philosophie de l'histoire &c. &c.

(hören wir den Einwurf) „als wenns weise „gewesen wäre, ein schwaches Menschenpaar „in einen Winkel der Erde zum Raube der Ge„fahr auszustellen?“ Und als wenns weiser gewesen wäre, viele solche schwache Menschenpaare einzeln in verschiedene Winkel der Erde zum Raube zehnfach ärgerer Gefahren zu machen? Der Fall wagender Unvorsichtigkeit ist nicht blos überall derselbe; sondern er wird auch mit jeder Vervielfältigung vermehret. Ein Menschenpaar, irgendwo, im besten, bequemsten Klima der Erde, wo die Jahreszeit ihrer Nacktheit am wenigsten strenge ist, wo der fruchtbare Boden den Bedürfnissen ihrer Unerfahrenheit von selbst zu statten kommt, wo gleichsam alles umhergelagert ist, wie eine Werkstätte, um der Kindheit ihrer Künste zu Hülfe zu kommen — ist dies Paar nicht weiser versorgt, als jedes andre menschliche Landthier, was unter dem unfreundlichsten Himmel in Lappland oder Grönland, mit der ganzen Dürftigkeit der nackten erfrornen Natur umgeben, den Klauen eben so dürftiger, hungriger, und um so grausamerer Thiere, mithin unendlich

lich mehrern Ungemächlichkeiten ausgesetzt ist? Die Sicherheit der Erhaltung nimmt also ab, je mehr die ursprünglichen Erdemenschen verdoppelt werden. Und denn wie lange bleibt das Paar im seligern Klima Ein Paar? Es wird bald Familie, bald ein kleines Volk, und wenn es sich nun als Volk ausbreitet, es kommt in ein ander Land, es kommt schon als Volk hinein — wie weiser! wie sicherer! Viele an Anzahl, mit gehärteten Körpern, mit versuchten Seelen, ja mit dem ganzen Schatze von Erfahrungen ihrer Vorfahren beerbt: wie vielfach also verstärkte und verdoppelte Seelen! Nun sind sie fähig, sich bald zu Landgeschöpfen dieser Gegend zu vervollkommnen: sie werden in kurzem so eingeboren, als die Thiere des Klima mit Lebensart, Denkart und Sprache. — Beweiset nicht aber eben dies „**den natürlichen „Fortgang des menschlichen Geistes, der „sich aus einem gewissen Mittelpunkt zu „Allem bilden kann.**" Es kommt nie auf eine Menge bloßer Zahlen, sondern auf die Gültigkeit und Progreßion ihrer Bedeutung, nie auf eine Menge schwacher Subjekte, sondern

dern auf Kräfte an, mit denen sie wirken. Diese wirken eben im simpelsten Verhältniß am stärksten; und nur die Bande umfangen also das ganze Geschlecht am strengsten, die von Einem Punkte der Verknüpfung ausgehen.

Ich lasse mich in keine weitere Gründe dieses einstämmigen Ursprungs ein: daß z. B. noch keine wahren Data von neuen Menschengattungen, die diesen Namen, wie die Thiergattungen, verdienten, aufgefunden sind; daß die offenbar allmälige und fortgehende Bevölkerung der Erde gerade das Gegentheil von eingebornen Landthieren zeige; daß die Kette der Cultur und ähnlicher Gewohnheiten dasselbe, nur dunkler, zeige u. s. w. Ich bleibe bei der Sprache. Wären die Menschen Nationalthiere, deren jedes die seinige sich ganz unabhängig und abgetrennt von andern selbst erfunden hätte: so müßte diese gewiß „eine größere Verschiedenartigkeit" zeigen, als vielleicht die Einwohner des Saturns und der Erde gegen einander haben mögen; und doch geht bei uns offenbar Alles auf Einem Grunde fort. Auf einem Grunde, nicht blos was die Form, son-

dern

dern was wirklich den Gang des menschlichen Geistes betrift: denn unter allen Völkern der Erde ist die Grammatik beinahe auf Einerlei Art gebaut. Die einzige Sinesische macht, meines Wissens, eine wesentliche Ausnahme, die ich mir aber als Ausnahme sehr zu erklären getraue. „Wie viel Sineser-Grammatiken aber, und wie viele Arten derselben „müßten sein, wenn die Erde voll Sprach-„erfindender Landthiere gewesen wäre!"

Woher kommts, daß so viele Völker ein Alphabet haben, und doch fast nur Ein Alphabet auf dem Erdboden zu finden ist? Der sonderbare und schwere Gedanke, sich aus den Bestandtheilen der willkührlichen Worte, aus Lauten, willkührliche Zeichen zu bilden, ist so verwickelt, so sonderbar, daß es gewiß unerklärlich wäre, wie viele und so viele auf den einen so entfernten Gedanken, und alle ganz auf Eine Art, auf ihn gefallen wären. Daß sie alle die weit natürlichern Zeichen, die Bilder von Sachen vorbei ließen, und Hauche malten, unter allen möglichen dieselben zwanzig malten, und sich gegen die übrigen

sehfehlenden dürftig behalfen, daß zu diesen zwanzig so Viele dieselben willkührlichen Zeichen nahmen — Wird hier nicht Ueberlieferung sichtbar? Die morgenländischen Alphabete sind im Grunde eins: Das Griechische, Lateinische, Runische, Deutsche u. s. w. sind Ableitungen; das Deutsche hat daher noch mit dem Koptischen Buchstaben gemein, und einige Irrländer sind kühn gnug gewesen, den Homer für eine Uebersetzung aus ihrer Sprache zu erklären. Wer kann (so wenig oder viel er drauf rechne) im Grunde die Verwandschaft der meisten Sprachen ganz verkennen? „Wie Ein Menschenvolk nur auf der Erde „wohnet, so auch nur Eine Menschensprache: „wie aber diese große Gattung sich in so viele „kleine Landarten nationalisirt hat: so ihre „Sprachen nicht anders."

Viele haben sich mit den „Stammlisten „dieser Sprachengeschlechter" versucht; ich versuche es nicht: denn wie viele, viele Nebenursachen konnten in dieser Abstammung, und in der Kenntlichkeit dieser Abstammung Veränderungen machen, auf die der etymologisi-

ren-

rende Philosoph nicht rechnen kann und die seinen Stammbaum trügen. Zudem sind unter den Reisebeschreibern und selbst Mißionarien so wenig wahre Sprachphilosophen gewesen, die uns von dem Genius und dem charakteristischen Grunde ihrer Völkersprachen hätten Nachricht geben können oder wollen, daß man im Allgemeinen hier noch in der Irre gehet. Sie geben meistens blos Verzeichnisse von Wörtern. Die Regeln der wahren Sprachdeduktion sind auch so fein, daß wenige —— doch das alles ist nicht mein Werk. Im Ganzen bleibt das Naturgesetz sichtbar: „Sprache pflanze und bilde sich mit dem menschlichen Geschlechte fort;" in diesem Gesetze zähle ich nur Hauptarten auf, die eine verschiedne Dimension geben.

1. Jeder Mensch hat freilich alle Fähigkeiten, die sein ganzes Geschlecht besitzet, und jede Nation die Fähigkeiten, die alle Nationen haben; es ist indessen doch wahr, daß eine Gesellschaft mehr als ein Mensch, und das ganze menschliche Geschlecht mehr als ein einzelnes Volk erfinde. Und das

zwar

zwar nicht blos nach Menge der Köpfe, sondern nach vielfach= und innig vermehrteren Verhältnissen. Man sollte denken, daß ein einsamer Mensch, ohne drängende Bedürfnisse, mit aller Gemächlichkeit der Lebensart, vielmehr Sprache erfinden, ja daß seine Muße ihn dazu antreiben werde, seine Seelenkräfte zu üben, mithin immer etwas neues zu erdenken. Allein das Gegentheil ist klar. Er wird ohne Gesellschaft immer auf gewisse Weise verwildern, und bald in Unthätigkeit ermatten, wenn er sich nur erst in den Mittelpunkt gesetzt hat, seine nöthigsten Bedürfnisse zu befriedigen. Er ist immer eine Blume, die, aus ihren Wurzeln gerissen, von ihrem Stamm gebrochen, da liegt und welket. — Setzet ihn aber in Gesellschaft und in mehrere Bedürfnisse: er habe für sich und andre zu sorgen; man sollte denken, diese neue Lasten nehmen ihm die Freiheit sich empor zu heben: dieser Zuwachs von Peinlichkeiten nehme ihm die Muße zu erfinden; aber gerade umgekehrt. Das Bedürfniß strengt ihn an: die Peinlichkeit weckt ihn: die Rastlosigkeit hält seine Seele in Bewegung: er wird desto mehr thun, je wunde=samer es wird, daß ers thue. So wächst also die Fortbildung einer Sprache von einem Einzelnen bis zu einem Familienmenschen schon in sehr zusammengesetztem Verhältniß. Alles andre abgerechnet, wie wenig würde doch der Einsame, selbst der einsame Sprachenphilosoph auf seiner wüsten Insel erfinden! Wie viel mehr und stärker wirkt der Stammvater, der Familienmann! Die Natur hat also diese Fortbildung gewählet.

II. Eine einzelne, abgetrennte Familie, denkt man, wird ihre Sprache, bei Bequemlichkeit und Muße mehr ausbilden können, als bei Zerstreuungen, bei Kriegen gegen einen andern Stamm u. s. w.; allein nichts weniger. Je mehr sie gegen andre gekehrt ist, desto stärker wird sie in sich zusammengedrängt: desto mehr setzt sie sich auf ihrer Wurzel fest, macht die Thaten ihrer Vorfahren zu Liedern, zu Aufrufungen, zu ewigen Denkmalen, erhält dieses Sprachandenken um desto reiner und patriotischer. — Die Fortbildung der Sprache, als Mundart der Väter, geht desto stärker

fort:

fort: darum hat die Natur diese Fortbildung gewählet.

III. Mit der Zeit aber setzt sich auch dieser Stamm, wenn er zu einer kleinen Nation angewachsen ist, in seinem Cirkel fest. Er hat seinen gemeßnen Kreis von Bedürfnissen, und für diesen auch Sprache; weiter gehet er nicht, wie wir an allen kleinen, so genannten barbarischen Nationen sehen. Mit ihren Nothwendigkeiten abgetheilt, können sie, Jahrhunderte lang, in der sonderbarsten Unwissenheit bleiben, wie jene Inseln ohne Feuer, und wie so viel andre Völker ohne die leichtesten mechanischen Künste; es ist als ob sie nicht Augen hätten, zu sehen was ihnen vorliegt. Daher alsdenn das Geschrei andrer Völker auf solche, als auf dumme, unmenschliche Barbaren; da wir alle doch vor weniger Zeit eben dieselben Barbaren waren, und diese Kenntnisse nur von andern Völkern bekamen. Daher auch das Geschrei so mancher Philosophen über diese Dummheit, als über die unbegreiflichste Sache, da doch nach der Analogie der ganzen Haushaltung mit unsrem Geschlecht nichts begreiflicher ist, als sie. —

Hier hat die Natur eine neue Kette geknüpft, die Ueberlieferung von Volk zu Volk. „So haben „sich Künste, Wissenschaften, Cultur und „Sprache in einer großen Progreßion Na„tionen hinab verfeinert" — Das feinste Band der Fortbildung, das die Natur wählen konnte.

Wir Deutsche würden noch, ruhig wie die Amerikaner, in unsern Wäldern leben, oder vielmehr noch in ihnen rauh kriegen und Helden sein, wenn die Kette fremder Cultur nicht so nah an uns gedrängt, und mit der Gewalt ganzer Jahrhunderte uns genöthigt hätte, mit einzugreifen. Der Römer holte seine Bildung aus Griechenland, der Grieche bekam sie aus Asien und Aegypten: Aegypten aus Asien, Sina vielleicht aus Aegypten — so geht die Kette von einem ersten Ringe fort, und wird vielleicht einmal über die Erde reichen. Die Kunst, die einen griechischen Pallast bauete, zeigt sich bei dem Wilden schon im Bau einer Waldhütte; wie die Malerei Mengs und Dürers schon im rohesten Grunde auf dem bemalten Schilde Hermanns glänzte. Der Eskiman

man vor seinem Kriegsheere hat schon alle Keime zu einem künftigen Demosthenes; und jene Nation von Bildhauern am Amazonenstrome *) könnte vielleicht einen künftigen Phidias erzeugen, wenn die Minerva Griechenlandes sich ihrer annähme. Lasset andre Nationen vor- und jene umrücken: so ist alles, wenigstens in den gemäßigten Zonen, wie in der alten Welt. Aegypter, Griechen, Römer, und einige neuere Völker thaten nichts als fortbauen; Perser, Tataren, Gothen, und Pfaffen kommen dazwischen und machen Trümmer; desto frischer bauet sichs, aus und nach und auf solchen alten Trümmern weiter. Die Kette einer gewissen Vervollkommnung der Kunst geht über alles fort, (obgleich andre Eigenschaften der Natur wiederum dagegen leiden) und so auch über die Sprache. Die Arabische ist ohne Zweifel hundertmal feiner, als ihre Mutter im ersten rohen Anfange: unser Deutsch ohne Zweifel feiner, als das alte Deutsche. Die Grammatik der Griechen konnte besser werden, als die morgenländische, denn sie

 war

*) De la Condamine.

war Tochter: die Römische philosophischer als die Griechische, die Französische als die Römische; ist der Zwerg auf den Schultern des Riesen nicht immer größer, als der Riese selbst?

Nun sieht man auch, wie trüglich der Beweis für die Göttlichkeit der Sprache aus ihrer Ordnung und Schönheit werde. Ordnung und Schönheit sind da, aber wenn? wie und woher sind sie gekommen? Ist denn diese so bewunderte Sprache, die Sprache des Ursprunges, oder nicht schon das Kind ganzer Jahrhunderte, und vieler Nationen? Siehe! an diesem großen Gebäude haben Nationen, und Welttheile und Zeitalter gebauet; und darum könnte jene arme Hütte nicht der Ursprung der Baukunst sein? Darum mußte gleich ein Gott die Menschen solchen Pallast bauen lehren? Weil Menschen auf Einmal solchen Pallast nicht hätten bauen können, darum muß ihn nothwendig ein Gott gebauet haben? Oder diese große Brücke zwischen zwei Bergen begreife ich nicht ganz, wie sie gebauet sei; folglich hat sie der Teu-

fel

fel gebauet — welch ein Schluß! Es gehört überhaupt ein grosser Grad Kühnheit oder Unwissenheit dazu, zu läugnen, daß sich nicht die Sprache mit dem menschlichen Geschlecht nach allen Stuffen und Veränderungen fortgebildet habe; dies zeigt Geschichte und Dichtkunst, Beredsamkeit und Grammatik, ja, wenn alles nicht, so die Vernunft. Hat sie sich nun ewig so fortgebildet und nie zu bilden angefangen? Oder hat sie sich immer menschlich gebildet, so daß Vernunft nicht ohne sie, und sie ohne Vernunft nicht gehen konnte; und mit Einmal wäre ihr Anfang anders? und das so ohne Sinn und Grund anders, wie wir Anfangs gezeigt haben? In allen Fällen wird die Hypothese eines göttlichen Ursprungs in der Sprache eine qualitas occulta, d. i. ein fein-versteckter Unsinn.

Ich wiederhole das mit Bedacht gesagte, harte Wort: Unsinn! und will mich zum Schluß erklären. Was heißt ein göttlicher Ursprung der Sprache, als entweder: „Ich kann „die Sprache aus der menschlichen Natur nicht „erklären: folglich ist sie göttlich.“ Der Gegner sagt: „ich kann sie aus der menschlichen „Natur und aus ihr vollständig erklären" — wer hat mehr gesagt? Jener versteckt sich hinter eine Decke und ruft hervor: „Hier ist Gott!" dieser stellt sich sichtbar auf den Schauplatz, er handelt — „sehet! ich bin ein „Mensch!"

Oder ein höherer Ursprung sagt: „Weil ich „die menschliche Sprache nicht aus der menschlichen Natur erklären kann: so kann durchaus „keiner sie erklären — sie ist durchaus unerklärbar." Der Gegner sagt: „mir ist kein Element der Sprache in ihrem Beginn, und in „jeder ihrer Progression aus der menschlichen „Seele unbegreiflich: ja die ganze menschliche „Seele wird mir unerklärbar, wenn ich in ihr „nicht Sprache setze. Das ganze menschliche „Geschlecht bleibt nicht das Naturgeschlecht „mehr, wenns nicht die Sprache fortbildet"— Wer hat mehr gesagt? Wer sagte Sinn?

Oder endlich die höhere Hypothese sagt gar: „nicht blos keiner kann die Sprache aus der „menschlichen Seele begreifen: sondern ich sehe „deutlich die Ursache, warum sie ihrer Natur

„und der Analogie ihres Geschlechts nach durch„aus für Menschen unerfindbar war. Ich „sehe in der Sprache und im Wesen der Gottheit „die Ursache deutlich, warum keiner als Gott „sie erfinden konnte.“ Nun bekäme zwar der Schluß Folge; aber nun wird er auch der gräßlichste Unsinn. Er wird so beweisbar, als jener Beweis der Türken von der Göttlichkeit des Korans: „wer anders als der Prophet Got„tes konnte so schreiben?“ Und wer anders als ein Prophet Gottes kann auch wissen, daß nur der Prophet Gottes so schreiben konnte? **Niemand, als Gott, konnte die Sprache erfinden;** Niemand als Gott kann aber auch einsehen, daß Niemand, als Gott, sie erfinden konnte. Und welche Hand kann es wagen, nicht blos etwa Sprache und die menschliche Seele, sondern Sprache und Gottheit auszumessen?

Ein höherer Ursprung hat nichts für sich, selbst nicht das Zeugniß der morgenländischen Schrift, auf die er sich beruft: denn diese giebt offenbar der Sprache einen menschlichen Anfang durch Namennennung der Thiere.

Die menschliche Erfindung hat alles für- und durchaus nichts gegen sich: Wesen der menschlichen Seele und Element der Sprache; Analogie des menschlichen Geschlechts und Analogie der Fortgänge der Sprache; das große Beispiel aller Völker, aller Zeiten und Theile der Welt.

Der höhere Ursprung ist, so fromm er scheine, durchaus ungöttlich; bei jedem Schritte verkleinert er Gott durch die niedrigsten, unvollkommensten Anthropomorphien. Der menschliche zeigt Gott im größesten Lichte: sein Werk, eine menschliche Seele, durch sich selbst eine Sprache schaffend und fortschaffend, weil sie sein Werk, eine menschliche Seele ist. Sie bauet sich diesen künstlichen Sinn ihrer Vernunft, als eine Schöpferinn, als ein Bild seines Wesens. Der Ursprung der Sprache wird also nur auf eine würdige Art göttlich, so fern er menschlich ist.

Der höhere Ursprung ist zu nichts nütze, und sogar schädlich. Er zerstört alle Wirksamkeit der menschlichen Seele, erklärt nichts, und macht alle Psychologie, und alle Wissenschaften unerklärbar: denn mit der Sprache haben ja die Menschen alle Samen von Kenntnissen von Gott empfangen? Nichts ist also aus der menschlichen Seele; der Anfang jeder Kunst, Wissenschaft, und Kenntniß also ist immer unbegreiflich. Der menschliche läßt keinen Schritt thun ohne Aussichten, und ohne die fruchtbarsten Erklärungen in allen Theilen der Philosophie, in allen Gattungen und Vorträgen der Sprache. Der Verfasser hat einige hier geliefert, und kann deren vielleicht noch mehrere liefern, wenn ihm dazu eine nähere Veranlassung würde.

Wie würde er sich freuen, wenn er mit dieser Abhandlung eine Hypothese verdränge, die von mehreren Seiten betrachtet, dem menschlichen Geist nur zum Nebel dienen kann, und dazu lange gedienet hat. Er hat eben deßwegen das Gebot der Akademie übertreten und keine Hypothese geliefert: denn was wäre es, wenn Eine Hypothese die andre auf, oder ihr gleich wöge? und wie pflegt man alles, was die Form einer Hypo-

Hypothese hat, zu betrachten? Er befliß sich lieber, „feste Data aus der menschlichen „Seele, aus der menschlichen Organisa„tion, aus dem Bau aller alten und „wilden Sprachen, endlich aus der gan„zen Haushaltung des menschlichen Ge„schlechts zu sammlen," und seinen Satz so zu beweisen, wie eine philosophische Wahrheit bewiesen werden kann. Er glaubt also mit seinem Ungehorsam den Willen der Akademie eher erreicht zu haben, als er sich sonst vielleicht erreichen ließ.

II.

Ursachen des gesunknen Geschmacks bei den verschiednen Völkern, da er geblühet.

Multa renascentur, quae jam cecidere — —

Es ist ein wunderbarer Anblick, daß der Geschmack, diese schöne Gabe des Himmels, die er dem menschlichen Geist nur in den Zeiten seiner schönsten Blüthe bestimmt zu haben scheinet, nicht nur noch einen schmalen Strich des Erdbodens berühret, sondern auch auf diesem schmalen Striche nur durch kurze Perioden gewirkt habe. Kaum ließ er sich irgendwo auf einer glücklichen Stäte nieder: so sammlete er sich auch bald Brennreiser zu seinem eignen Grabmale, bis spät aus seiner Asche anderswo ein andrer Phönix entstand, und wieder das Schicksal hatte, wie sein Vater.

Woher nun diese Wellen auf dem großen Meere des Zeitraums? Aus Ursachen von innen oder von außen? Wer lehret uns das große Naturgesetz der Veränderungen des

Ge-

Geschmacks aus der Geschichte? Wüste mans, so erschiene zugleich, ob sich den Ursachen seines unglücklichen Verfalls nicht zuvorkommen; ob sich der gute Geschmack, wenn er fliehen will, nicht festhalten ließe? Oder, wenn sich aus Kennzeichen seine Ankunft nahet: wie kann man sie befördern? wie selbst die Samenkörner seiner Zerstörung anwenden, daß er sich neu belebe? Oder, wenn man dies alles nicht kann, wozu wirkt selbst dieser Verfall? Zu keinem anderweitigen Guten? Nicht auch etwa zur Glückseligkeit der Menschheit?

Wahrlich eine philosophische, menschenfreundliche, und selbst zur Blüthe äußerer Verfassungen mitwirkende Frage! Und der Weg, auf dem sie untersucht werden soll, das Buch der Geschichte, das der Betrachtung hierüber so merkwürdige und verschiedne Fälle liefert, ist allerdings die reichste, sicherste und angenehmste Straße. Hier ist die freie Wahrheit sich selbst Bestätigung und Anmuth.

Ich will zuerst die Frage aus Gründen der Seelenlehre, meistens nur verneinend, untersuchen, und Vorurtheile zuerst wegräumen,

die

die uns den Gang durch die Geschichte schwerer machen würden. Sodann wünsche ich die Geschichte jedes großen Zeitlaufs auf die allgemeinen Ursachen zurück zu führen, ohne welche sie in einem andern Zeitpunkt nicht genutzt werden kann. Die Folgen, die sich daraus zur Anwendung ergeben, machen das dritte Stück aus.

I. Grundsätze zu Betrachtung der Frage aus der Seelenlehre.

Man pflegt die Verderbnisse des Geschmacks bald von gewissen Kräften des Genies, bald der Vernunft, bald moralischer oder unmoralischer Triebe herzuleiten, und den gewählten Lieblings-gesichtspunkt sodann allen Begebenheiten der Geschichte vorzuschieben. Es ist also nöthig, hier erst in Rücksicht unsrer Frage die Provinzen dieser Kräfte im Gebiet der menschlichen Seele auszumachen: wie fern sie den Geschmack verderben müssen, verderben können, oder nie verderben werden?

1. Wie sich auch Geschmack und Genie feiner brechen mögen, so weiß jeder, daß Genie im allgemeinen eine Menge in- oder extensivstrebender Seelenkräfte sei; Geschmack ist Ordnung in dieser Menge, Proportion und alle schöne Qualität jener strebenden Größen. Mithin sind beide sich nimmer an sich einander entgegen; durch die simple Natur können sie sich einander nie verderben.

Eine

Eine Betrachtung, die des Anblicks werth ist: denn sie ist Grundlage aller künftigen historischen Phänomene.

„. Genie ist eine Sammlung von Naturkräften, es kommt also auch aus den Händen der Natur und muß vorausgehen, ehe Geschmack werden kann. Der Orient, das Vaterland aller menschlicher Bildung, war lange das Land des rohen, starken, erhabnen Genies, ehe Griechenland kam und die Schönheit weckte. In Griechenland selbst gingen viele rohe Namen, ungeheure Versuche, alle Fälle und Würfe übertreibender und hinsinkender Kräfte voraus, ehe sich diese Kräfte in Ordnung brachten und sich der Geschmack erzeugte. Ein Kind unterliegt zuerst dem tausendgestaltigen, tiefen, unermeßlichen Weltall, ehe sich ihm die Bilder vom Auge rücken, sich von einander sondern und Ideen werden. Erst durch viel Unschicklichkeiten rohangewandter Kräfte lernt der Ringer mit Gleichmaaß kämpfen und überwinden.

Wir sehen also: Bei einem Volke, das noch roh ist, muß man nicht vom Verfall des Geschmacks, sondern von langsamer Bildung zum Geschmack, zur Wohlgestalt reden. Habe es immer hie und da glücklich oder scheinbar nachgeäffet: gebe es sich auch selbst die größesten Lobsprüche, „wie sehr es Geschmack habe?" niemand ruft mehr, als ein probendes Kind: „Kann ich nicht schon? Kann ich nicht schon?" Und wenn es könnte, würde es nicht also rufen. Hier muß man also weder stören, noch niederschlagen, sondern weisen und aufmuntern. Alle zu früh aufgedrungne Regelnmaasse, ehe man selbst die Regel als unentbehrlich ansehen lernt und gleichsam von selbst darauf kommt, sind schädlich und bleiben auf immer schädlich, wie man an dem fixirten, seyn sollenden Geschmack in Aegypten und Sina siehet. Der Schöpfer selbst ließ ja erst das Chaos ausgähren, und entwickelte die Welt nur durch innere Naturgesetze zur Harmonie, Ordnung und Schönheit. Eine Fliege, die aus ihrem Winterschlaf gewaltsam und widernatürlich erweckt wird, lebt auf Minuten auf, um auf immer zu sterben.

Kann

6. Kann also der Geschmack nur durch Genie, d. i. durch rasch und lebend geübte Naturkräfte entstehen; so muß er in ihnen auch nur bestehen wollen; sonst ist er ein Schall in der Luft, eine nichtige Echo. Reichthum an Bäumen, an Pflanzen und Fluren macht einen Garten; und ist erst der Garten da, so kann sich an ihm Ordnung, Geschmack und Gartenkunst erzeugen. Ohne Garten bauet man in die Luft. Gemeiniglich macht man Unterschiede zwischen Genie und Geschmack; „als ob jenes des Geschmacks nicht „bedürfe, als ob es sich selbst denselben er„setze und mehr sei als derselbe; nur der „genielose Kopf müsse sich mit Geschmack „trösten u. dgl." Ohne alle Spekulation aber, ist der Geschmack für Genies in weitläuftigstem Verstande, nicht da; so weiß ich nicht, für wen er da seyn soll? Das Nichts, der Dummkopf kann ihn weder brauchen, noch fassen: denn Geschmack ist nur Ordnung im Gebrauch der Geniekräfte und ist also ohne Genie ein Unding. Im Gegentheil, je mehr Kräfte ein Genie hat, je ra-

scher die Kräfte wirken, desto mehr ist ein Mentor des guten Geschmacks nöthig, damit sich die Kräfte nicht selbst einander überwältigen, zerrütten, und im Falle der Uebermacht auch andre gute Kräfte zertrümmern.

Wo also auch in einem Zeitalter der Ueppigkeit und des allgemeinen Verderbens sich schon die Kräfte des Genies verzehrten: man sieht, wie elend es sodann mit dem nachjammernden Geschmack stehe. Ist er noch mehr als Geschmack, kann er durch That helfen, und zurückziehen, wohlan, so thue ers freudig, und seine That wird wirken. Denn die wahre Bildung und Zurückbildung kann nur immer in der Gestalt von Exempeln geschehen; die Lehre muß Geist und Kraft angenommen haben, sie muß Uebung und Tugend geworden seyn: so wird sie anerkannt, so wird sie gefühlt, versucht und befolget werden; ist sie das aber nicht, so kann der bloße Zuruf nicht helfen. Ist eine Schule so verfallen, daß weder im Lehrer, noch in den Schülern Kraft, Lust, Vorbild, Nacheiferung

ist:

ist: so hilft die beste Schulordnung nichts. Und ist ein lebendiger Körper im Sterben, so kann ihm die beste Diät oder Promenade nicht helfen. Das zeigen alle einzelne Stimmen in den Jahrhunderten der Barbarei und des verfallenden Geschmacks. Waren sie blos Stimmen, so wirkten sie nichts; geselleten sie sich aber mit Kräften, belebten sie das Genie und weckten andre Genie's auf: so ward eine bessere Zeit. Die eine Schwalbe, die der Frühlingshauch geweckt hatte, prophezeite mehrere, und sie blieben nicht aus. Geschmack in Einer Kunst weckte den Geschmack in allen Künsten: es war gleichsam ein harmonischer Aether da, in welchen die ähnlichen Salten aller verschiedenen Instrumente auf einen Druck bebten und klangen.

Nur also Genie's können und müssen Genie's bilden und zurückbilden zur Ordnung, zur Schönheit, zum Gleichmaaß ihrer erkennenden oder fühlenden Kräfte: denn auch hier wirkt Wahrheit und Schönheit nur durch Gleichgefühl und durch Nach-

Nachahmung. Je gleichartiger die Saiten, desto mehr tönen sie einander nach: Bild aber und Schall in Regeln an die Wand gemalt, kann nie eine verstimmte Saite stimmen oder in ihr einen reinen Klang bilden. Es wirken, wie Plato im Gleichniß von den Magneten und Korybanten sagt, die Kräfte am tiefsten durch unmittelbaren Einfluß, wie durch ein halbes Wunder auf einander. Genie's, die also gebildet sind und weiter bilden, sind Ebenbilder der Gottheit an Ordnung, Schöne und unsichtbaren Schöpferskräften; sie sind Schätze ihres Zeitalters, und gleichsam Sterne im Dunkeln, die durch ihr Wesen erleuchten und scheinen, so viel es die Finsterniß aufnimmt.

7. Und nun ists Sonnenhelle, wie fern Genie's allein den Geschmack verschlimmern? nehmlich, weil er ohne sie nicht existiret, und sie ihn allein verschlimmern können, wenn sie die Kräfte ihres Genie's übel anwenden. Das ist nun auf zweierlei Art möglich, durch falsche Zwecke und durch falsche Mittel. Ist ein Maaß schon voll

und

und man gießt mehr: so fließts über. Will der Kopf voll Kraft, was schon am Ziel ist, noch weiter treiben: so ist er jenseit des Zieles, im Lande der Unnatur und des falschen Geschmackes an Zwecken. Wählt er sich gar ein Irrlicht zum Ziel, oder will mit Ikarus Flügeln zur Sonne hinauffliegen: so wird er Morast oder Meer mit seinem Namen zeichnen: denn er wählte falsche Zwecke und erlag also auf dem Wege. Oder ein Genie hatte ein edles, wahres, ein wohl zu erreichendes Ziel; nur es hatte dahin keinen Führer. Es nahm also im ersten Feuerrausche eine falsche Bahn, sah zu spät, daß es irrete; und war Genie, hatte einiges Gute auf der falschen Bahn erreicht, sah zurück und hatte nicht Größe gnug, das alles aufzugeben und neu einzulenken zu einem bessern Wege. Vielmehr spiegelten sich falsche Zwischengegenstände ihm mit Reizen vor denen es nicht widerstehen konnte; es traute sich zu, mit seinen Kräften auf dem schiefen Wege noch immer dahin zu kommen, wo kein andrer auf solchem Wege gekommen war: es lief fort und ward mit seinen edeln Kräften ein Urbild des falschen Geschmacks, eine verführende, negative Größe. Das ist die traurige Theorie des verfallenden Geschmacks in allen Zeitaltern, aus dem Gesichtspunkt des Genie betrachtet.

8. Und das ist zugleich, ohne alle Deklamation, die ächte Lobrede auf den Geschmack, wiefern er durch das Genie wirket; er ist nähmlich das Steuerruder der Kräfte desselben auf dem wüsten Meer des Zufalls. Daß jeder sich eine Bahn wählen und auf ihr mit Inbrunst streben könne, ist Werk der Natur; daß er sich eine richtige Bahn wähle, und auf ihr zu edeln, erreichbaren, nutzenden Zwecken strebe, ist Werk des Versuchs und der Erfahrung. Wohl dem, dem, wie Herkules, die Göttin erschien, ihm den Weg zu zeigen, ihm Muth einzusprechen und sich ihm zur Führerin zu entbieten, bis zum Ziele. Er wird sich zehn vergebliche Wege ersparen, von denen er einst mit Reue und vergeblicher Ermattung zurückkommt, oder die ihn nie zurückkommen lassen. Wenn die Quelle des

gu-

guten Geschmacks austrocknet, wer will sie wieder füllen und beleben? Neulinge drängen sich auf den Weg der alten, ächten, simpeln Erfahrung, die die Stimme der Lehre dem Neide oder dem Unvermögen zuschreiben, die sie meistern wollen, weil sie sie nicht übertreffen können. „Der dort im Bette wimmert, sagt man, ist ein kranker Greis, „und wir klettern auf spitzigen, steilen Felsen.“ — Das Genie ist ein solcher Funke von Göttlichkeit, daß es selbst auf falschem Wege eines übeln Geschmackes, nur von Kräften des Genies und nicht von Regeln anderswohin gelockt werden will. Jedes Samenkorn der Schöpfung wird nur durch sich selbst erstattet.

II. Wie das Genie, setzt man oft auch die Vernunft dem Geschmack entgegen, und weiß sich viel, wie diese immer zu dem Verfall jenes beigetragen habe. Eine eben so falsche und verworrene Meinung.

Ist der Geschmack nichts anders, als Ordnung, als Fertigkeit der Kräfte zur Schönheit; so schnell er auch wirke und empfunden werde,

so

so kann er immer nur durch Vernunft, durch Beurtheilung und Ueberlegung wirken, durch die allein Ordnung wird. Selbst die Bienenzelle (wenn das Genie mit dem Instinkt der Thiere, die vielleicht im Grunde Eins sind, verglichen werden darf) selbst sie braucht den treflichsten Bienenverstand zur Vollendung, und je edler ein Genie ist, in je würdigerer Sphäre es strebt, und je würdiger es sein Streben vollendet; desto mehr muß es treffende umfassende Vernunft zeigen, im schnellsten Flammenstrom der Thätigkeit und der Empfindung. Der Schöpfer, der alles übersah und gut fand, genoß, geistig zu reden, den Augenblick der höchsten Vernunft, und sinnlich zu reden, den Augenblick des entzückendsten Geschmackes.

Als sich das griechische Trauerspiel von Thespis Karre zu Aeschylus und des großen Sophokles Geschmack empor hob, was wars, das es so fortrückte? Genie mit Vernunft, Ueberlegung mit fühlenden Kräften begleitet, kurz Geschmack wars, was ihm Geschmack anschuf. Dies Rohe, Feierliche, Leere, Kalte

ließ

ließ man hinweg; jenes Wirksame, Handlungsvolle bog man aus einander: Einheit und Mannichfaltigkeit paarten sich: da ward Geschmack, Schönheit! Als Euripides sich nachher, wenn auch mit den schönsten Sokratischen Reden von diesem festen Ziel der Ueberlegung des Einen, der Handlung, wegwandte: so zeigt Aristoteles, daß die Bühne mit allen diesen Sokratischen Reden nichts gewonnen habe. Was wars also, das die Kunst der Griechen schuf? Genie- und Thatvolle Ueberlegung. Der alte Aegyptische Styl war da, hart, trocken, leer von Stellung und Handlung: man dachte, man fühlte, man schuf dem Marmor schöne Ründe, Wohllaut, Handlung an; und der Geschmack der Griechischen Kunst ward. So entstand Homer aus vielen Mährchen, aus Schlacken und Troja-Dichtern vor ihm: so entstand die Redekunst mitten im Kampf und Vernunftgebrauch bürgerlicher Geschäfte: so die übrigen Dichtarten aus Homer. Die Beisitzerin der himmlischen Rathschläge: die Ueberlegung, leitete die Griechen bei jedem Schritte; daher kamen sie auch

auf

auf ihrem einfältigen Wege so hoch. Je mehr man sich gegentheils davon entfernte, desto mehr sank die Kunst, die Wissenschaft und Alles. Verstand ist die Seele: Genie gleichsam der Körper, und die Erscheinung beider in einander heißt guter Geschmack. Wie sollen sich die nun einander widerstreiten?

Soll also die Vernunft den falschen Geschmack befördert haben, so will man vielmehr Unvernunft, Klügelei, Sophisterei sagen. Entweder daß man sich vor lauter lieber Vernunft der sinnlichen Gegenstände entwöhnte, und das thut unsere wahre Vernunft nie: denn über Sternen zu schweben, ist uns nicht gegeben. Oder man will sagen, daß man auch über sinnliche Gegenstände die Vernunft falsch verwendet, daß man gegrübelt habe, wo man empfinden, Merkmaale getrennt, wo man sie verbinden, Regeln gegeben, wo man hätte handeln sollen. Und denn war das wiederum keine ächte Vernunft, deren Erstes Geschäft es ist, zu wissen, wohin sie gehöre, und weg- oder fern zu bleiben, wozu sie nicht tauget. Unter keinem Vorwande konnte durch sie falscher Geschmack entstehen.

Das ist so wahr, daß selbst Produktionen des falschen Geschmacks in der Folge nicht umhin konnten, aufs neue die Vernunft zu bilden und sich an ihr selbst zu zerstören. Mochte immer im Anfange des Taumels die Vernunft bezaubert und verführt scheinen; so bald der in den Täuschungsgärten ermattete Geschmack sich im Spiegel der Wahrheit sah, ermannte er sich, und die unglücklichen Fälle selbst waren ihm itzt Regeln der Weisheit. So heilig und rein ist dieser edle Strahl, daß er, wie die Sonne, zwar umwölkt und zurückgeschlagen, nicht aber in seiner Natur verändert, und in Finsterniß verwandelt werden kann. Wohin er wirkt, brennt er, und wirft sein Bild ab.

Eben durch den Geschmack haben also die Griechen an Vernunft und durch ihre leichte Vernunft an Geschmack gewonnen. Was für eine Welt von Veranlassungen bietet der Geschmack einer prüfenden Vernunft zur Uebung dar! Und alles schwebet ihr hier sinn-

sinnlich vor, Mittel und Zwecke. Das Urtheil aus solchen Erscheinungen trift schnell wie der Bliz, und wirkt eben so schnell weiter. In Werken der Art wird mit Feuer gearbeitet, mit Liebhaberei geurtheilt und empfunden: selbst dies Urtheil und diese Empfindung war bei den Griechen Wettlauf. Wo noch Alles Genie, d. i. rohe Kraft und ein Sturm der Handlung ist, da hat die Philosophie noch keine Ståte; wo ein Volk erwacht und sich aus dem måchtigen Traum sinnlicher Kråfte sammlet, da wird Geschmack; und er in seinem schnellen richtigen Urtheile, wird ein Vorlåufer der Ueberlegung selbst über die unsinnlichsten Begriffe.

Nur muß man auch hier der Vernunft keine falschen Vorrechte geben, womit man alles verdürbe. Sie, ohne sinnliche Werkzeuge und Triebe, ist eine müßige Zuschauerin; und sind ihr diese entgegen, so entstehen Zwistfålle, bei denen der Geschmack nie zur Reife kommt. Ihre Einwirkung wird sodann verdunkelt, getåuscht und überwogen; sie ruft vergeblich. Man muß also das Verderben des Geschmacks anderswo suchen, als bei ihr.

III. Man suchts in den sittlichen Kräften, und will, daß bald Frömmigkeit den Wohlgeschmack, bald Verfall am Geschmack die Gottlosigkeit nach sich ziehen müsse. Mit welchem Rechte?

1) **Geschmack und Tugend ist nicht Einerlei.** Jener ist nur Ordnung und Gleichmaaß gewisser sinnlichen Kräfte zu oder in einem Kunstwerk; diese soll Ordnung und Gleichmaaß sein **in allen unsern Kräften zum großen Werk unsers Lebens** — ein großer Unterschied! Das Kunstwerk kann so eingeschränkt, die Kräfte der Seele darauf so eingeschränkt sein, als der Instinkt der Biene auf die Zelle; die meisten höhern und thätigen Kräfte bleiben also ungeregelt und todt. Das Kunstwerk kann den Menschen so an sich ziehen, daß eben diese Leidenschaft die andern Kräfte und Neigungen aus der Fassung bringt; und so wird die Wuth des Geschmacks wie jede andre Wuth, für die Moralität ein Fallstrick. Gewisse Werke kön-

können endlich wirklich eine Leidenschaft fodern, die denn **künstlich**: **aber nicht moralisch**: **gut** ist. Sie wollen Sturm, nicht aber Sonnenklarheit. Brutus war kein Cicero, und Sokrates kein Perikles, kein Demosthenes. Die Staaten, in denen der beste Geschmack blühte, waren nicht eben die tugendhaftesten, und Athen mit alle seinem Geschmack, war selbst an Bürgertugend kein Lacedämon.

Freilich kann der Dichter, der Maler, der Bildhauer, der Tonkünstler von seinem Kunstgeschmack Anlaß, **Erinnerung, Gestalt und** Modell nehmen, seine ganze Seele, sein ganzes Leben zu einem gleichen Geschmack zu bilden; und das wäre freilich Tugend. Er kanns: ob ers aber auch wolle? ob ers auch bis zur That, bis zur Fertigkeit und täglichen Gewohnheit wolle? — welch eine große Frage! Aus einem Infinitesimaltheilchen soll ein Berg des Unendlichen entspringen, durch Nichts! auf Einmal!

2) **Aber das ist unleugbar, daß, wo die Sitten bis auf den höchsten Grad verdorben sind, auch der Geschmack verdor-**

dorben sein müsse, und das sehr natürlich. Geschmack ist nur ein Phänomenon der Vernunft, die im Genie durch sinnliche und begehrende Kräfte wirket. Nagt nun an diesen allen der Wurm von innen, so ist auch ihre äußere Erscheinung schändlich und häßlich, und das heißt schlechter Geschmack im weitesten Verstande. Wo Ueppigkeit, Schande, Schwäche, Knechtschaft, Lüsternheit herrschen: da hat keine Kraft der Seele mehr edle Zwecke, oder edle Mittel. Man setzt abscheuliche Gottheiten auf den Altar, denen man auch abscheulich opfert. Die Ordnung der Kräfte wird zerrüttet, die Kräfte selbst nehmen ab, weil man sie nicht, oder verstimmt und unwürdig brauchet. Geschmack sollte das Bild und Kleid der Tugend sein; wo sie gar nicht ist, da ist auch ihr Bild und Kleid nicht mehr kenntlich.

So fern ists also gewiß, daß Geschmack die guten Sitten mit erhält, aber nicht als gute Sitten, sondern als einen schönen Anstand, als Wohlordnung. Und gute Sitten in gewissem Grade befördern den Geschmack, so fern sie ihm Materie, Beispiel,

Triebfedern zu wirken reichen. Fällt die schöne Hülle sogar weg: so ist Alles verloren. Der Geschmack war das Organ einer gemeinschaftlichen Konvenienz über Begriffe der Wohlordnung, und also doch wenigstens eine scheinbare Larve.

* * *

Mit allen diesen Begriffen kommt man also nicht weit: und es muß nicht durch Spekulation nach solcher oder einer andern Hypothese, sondern aus der Geschichte untersucht werden: wie sich Geschmack, ein Phänomenon von Kräften des Genie's, des Verstandes und sittlicher Triebe, je auf die Irrbahn lenken konnte? In jedem Zeitalter muß dies so eigen untersucht werden, als ob es gar keinen andern Geschmack, als diesen, gegeben habe. Und wie kann man sichrer und tiefer gehen, als wenn man in jedem Zeitpunkt simpel fragt: Woher entstand der gute Geschmack hier? Warum daurete er so lange? Alsdenn wird man gleich sehen, daß er mit den Veranlassungen seiner guten Natur zugleich mit verfiel, indem

dem nun andre Zeitumstände kamen, das schöne Phänomenon zu zerstören. Auf diesem Wege wirds auch offenbar, warum er in aller Geschichte so selten gewesen? Warum er nie an einem Ort in der Gestalt wiedergekommen sei, in der er vorher gewesen? u. s. f. Endlich giebt dieser Weg der Betrachtung auch die reichste und tiefste Anwendung: wir versuchen ihn also.

II. Ursachen des gesunknen Geschmacks bei den verschiednen Völkern, da er geblühet.

1. Wenn wir nach den Ursachen forschen, aus denen sich der Geschmack unter den Griechen erzeugt, und zu solcher Höhe erhoben hat: so sind wir auf dem Wege, die Geschichte des verfallenden Geschmacks zu ersehen. Jene Veranlassungen wirkten, wie Alles unter dem Monde, nicht ewig: es traten andere schädliche an ihre Stelle, und der Ge-

Geschmack sank. Er sank selbst bei dem Volk; bei dem er am meisten Natur war.

1) Homer entstand im schönen griechischen Jonien in einem Zeitalter, da er die ersten Schritte zu einer feinern Bildung sah, und von den starken Sitten der frühern Welt in lebendigen Sagen hörte. Die Heldenfabeln lebten damals im Munde der Griechen, und nahmen in einer Zeit, wo Schrift und Prose noch nicht erfunden war, von selbst eine dichterische Gestalt an. Der Heldenzug der Griechen vor Troja war ihnen ein Nationalgegenstand, wie es ihnen einst der Zug der Argonauten gewesen war; nur war dieser Gegenstand ihnen heller, näher und stärker. In ihm lagen die Keime abgesonderter Helden- und Freiheitsstaaten in jenen großen Bildern ihrer Könige vor Troja: zehn Dichter hatten ihn gesungen. Homer sang ihn auch auf eine eben so natürliche, und dazu seinem Zeitalter die angenehmste und mildeste Weise. Die griechische Sprache trieb damals in Asiatischer Himmelsluft Blüthen: die Mythologie formte sich zu einer schönen, menschlichen Gestalt: die Leiden-

schaf-

schaften der Menschen wirkten freier, ihre Seele war offen; Homer sang, wie er sie sah und hörte, und seine Gesänge blieben im Ohr und Munde der Nachwelt. Lykurg sammlete sie endlich, da eben das Zeitalter der Griechischen Bürgerkultur anbrach, und so wurden sie mit der Zeit ein Codex der Sitten, der Gesetze, ja der ganzen Geschmackslehre in den Städten; Homer ward Vater des Griechischen Geschmacks auf die natürlichste Weise. Eine Reihe schicklicher Veranlassungen bildete ihn und Griechenland ward für ihn gebildet.

2) Eben so natürlich entstand das Griechische Drama in aller Blüthe seines Geschmacks. Aus Heldenfabeln, und Spielen aus Musik, Zeitvertreib und Gottesdienst, (Alles auf Griechische Art gefühlt, gemischt und behandelt) stieg jene Bühne hervor, auf der Aeschylus, Sophokles und Euripides ihre Wunder wirkten Alle Bestandtheile, die Aristoteles aufzählet: Handlung, Sitten, Meinungen, Musik, Sprache, Verzierung lagen im Keim der Entstehung des griechischen Drama, und waren kein Schulgeheimniß. Das Wesen des Ge-

 dichts,

dichts, die Vorstellung einer Handlung war zugleich Probstein des Ganzen, und was dahin nicht wirkte, war Fehler. Jeder edle Mann von Griechischer Bildung war, wie man aus den Wettstreiten siehet, darüber Richter, und auch dem Inhalt und der Wirkung nach war die griechische Bühne eine lebendige Angelegenheit eines solchen Publikums, wie Athen war. Die ganze Dramaturgie des Aristoteles ist gleichsam dem Munde des Volks entnommen, so wie in den Nordischen Gerichten erwählte Schiedsrichter der Gemeine jedesmal nach der Natur der Sache über sie erkannten. Kurz, das Griechische Drama war eine Naturblume der Zeit, aus Veranlassungen des damals lebendigen Geschmacks hervorgewachsen, wie Jahrhunderte vorher die Mährchen und Rhapsodien der Aoiden. Sophokles entstand wie Homer, und Pindar wie alle beide.

3) Die Griechische Redekunst nicht anders. Sie war in den Republiken, eine öffentliche Anstalt und Triebfeder: Gemeingeist, öffentliche Rathschlagung über Ge-

schäfte des Staats, kurz die Verfassung der Griechischen Republiken war ihr Element: da gab es denn eben sowohl zu öffentlichen Vorträgen, als zu Geschäften gebohrne Männer; die damalige Philosophie, Erziehung und Uebung ging ebenfalls dahin, aufs Leben der Republik, nämlich, auf Sinnesart und Thätigkeit des Bürgers. Die griechische Sprache war in ihrer schönsten lebendigen Form; alle äußere Anstalten trieben zu eben den Zweck; sie weckten, sie bildeten und belebten. Da gabs also Perikles, Alcibiades, und einen Demosthenes noch ehe die Flamme verlöschte. Naturgeist einer Griechischen Republik oder Lehre wehete in den Reden griechischer Redner.

4) Die Kunst endlich, die das weiteste Feld von Veranlassungen hatte, ging eben die Bahn. Die Bildung der Griechen, ihr Gefühl für Wohlgestalt, für leichte Handlung, Lust und Freude, ihre Mythologie und Gottesdienst, die Liebe zur Freiheit, die ihre tapfren Männer und edlen Jünglinge belohnte, und mehrere Ursachen, die Winkel-

mann vortreflich entwickelt hat, schufen ihre Kunst zur Blume der Schönheit: sie war eine lebendige, veredelte griechische Natur, wie alle vorige Produkte.

Was folgt aus dem Allen? Ein sehr einfacher Satz, den man sich immer gar zu gern als künstlich und vielfach denket: nämlich, der gute Geschmack war bei den Griechen in ihren schönsten Zeiten eine so natürliche Hervorbringung, als sie selbst, als ihre Stammes- und Lebensart, als ihre Situation und Verfassung waren. Er exsistirte, wie alles, zu seiner Zeit und an seinem Orte, zwanglos, aus den simpelsten Veranlassungen durch Zeitmittel, zu Zeitzwecken: und da diese schöne Zeitverbindung auseinander ging, schwand auch das Resultat derselben, der griechische Geschmack.

a) Hätte jemand der Griechen Homer sein wollen, unter Umständen, da kein Homer sein konnte, gewiß ists, daß er nur ein falscher Homer geworden wäre. Apollonius unter den Ptolemäern ist davon Zeuge. Er trat ins Schiff der Argonauten; wie kam er

da-

dahin? weshalb bestieg ers? konnte und wollte ihm jemand nachsteigen? Sein Zeitalter lieferte ihm dazu weder Sitten noch Sprache, weder Inhalt, noch Ohr, noch Zweck, noch Empfindung: er ward also ein todter Nachahmer: er sang außer seinem Elemente. Hätten die Griechen früher so angestrebt und gesungen, was ihnen zu singen nicht gebührte, so hätte auch der gute Geschmack so lange nicht geblühet. Ihr guter Genius bewahrte sie aber vor dieser Bahn des unnützen, kraftlosen Neides. Sie sangen, worüber sie Herren waren: die Dichtkunst rückte mit dem Zeitalter weiter: sie folgten Homer, indem sie sich von ihm entfernten.

b) Sobald die Zeit entwich, da die Triebfedern des guten Dramatischen Geschmacks zusammen gewirkt hatten, sank dieser mit ihnen. Die Gegenstände der Bühne aus dem Kreise der griechischen Fabel, den sie den Cyklus nannten, waren erschöpft: man wählte schlechtere, oder behandelte die vorigen neu, das ist schlechter. Der erste glückliche Blick war von den Meistern des Drama geschehen:

die Muster standen da und verschatteten den Nachfolgern die Sonne. Man ahmte nach, statt frei zu behandeln, und eine zwischen Freiheit und Knechtschaft getheilte Seele wirkt nie ganz und edel. Da der Geschmack nur im ganzen, freiwirkenden Genie lebet, so wich man natürlich um so mehr von ihm ab, je mehr man ihm in Regeln und Vorurtheilen auf eine todte Weise nachstrebte. Auch die Umstände des Volks hatten sich geändert. Was voraus Angelegenheit des Publikum gewesen war, ward Spiel einer unmäßigen Liebhaberei. Man ließ Tage hinab mit Schauspielen wetteifern, da dann durch die Menge der Speisen der Gaum gewiß den Geschmack verlor und schon der unersättliche Hunger von Krankheit zeugte. Wie sich der Thaten- und Freiheitsgeist des Volks verlor, hatte die Bühne ihr Element verloren: der gute Geschmack lebte also in alten Resten, und war zu neuen Hervorbringungen todt, wie man bereits die Keime zu diesem Verfall in Aristoteles Poetik selbst siehet.

c) Mit der Redekunst gings eben also. Als die Freiheit der Griechen sank, war auch ihr Feuer dahin: in Demosthenes war es, wie in der letzten Noth, eine auflodernde Flamme gewesen. Die Redekunst kroch in Schulen, oder in enge Gerichtsschranken, sie krümmte sich im Staube und verstummte. Das hat Longin schon simpel und stark gezeiget.

d) Die Kunst, die ein größer Feld von Veranlassungen, zudem einen sehr sinnlichen, anschaubaren, und beinah mechanischen Zirkel hatte, konnte sich länger und auch im Vorhofe der Monarchie noch erhalten, so lange sie entweder keine Sklavin war oder unter einem guten Joch diente. Der gute Geschmack in ihr war gleichsam fixirt, und da bei ihr Alles auf Uebung und Nachahmung beruhet, so konnte ihr diese nicht schaden, sondern erhielt sie. Viel Anwendung der Kunst, z. B. zur Verehrung der Gottheiten und idealischen Bildsäulen, blieben, und die Achtung der Künstler gewann an liebhaberischen Höfen, so wie auch Sieg und Reichthum ihr mehr

Ma-

Materialien schaffte. Die Kunst also, zusammt der Komödie, daureten über das Zeitalter der Griechischen Freiheit und Staatswirksamkeit hinaus, nur aber, wie man offenbar siehet, aus Samenkörnern voriger Zeiten. Wären diese nicht längst voraus gepflanzt und gepflegt worden, so hätten sie jetzt diese Gestalt nicht gewonnen. Auch die Kunst hatte ihre schönste Zeit gehabt, da sie am meisten Nationalblüthe und lebendige Griechische Natur war, in den Zeiten des Wohlgeschmacks, des Ruhms, der politischen Wirksamkeit und Freiheit, zwischen dem Persischen und Peloponnesischen Kriege. Später brannte sie nur ruckweise und aus vorigen Funken. So gings mit dem Griechischen Geschmack bis auf seine kleinsten Produktionen.

Das Zeitalter Alexanders also, so blühend es für die Gegenwart schien, so tief untergrubs den griechischen Geschmack in seinen ersten Quellen. Sobald der Republikanische Gemeingeist der Griechen, ihre leichte Art, mit Lust und Freude zu wirken,

hin

hin war: was sollte nun blühen? Dichtkunst, wo keine Sitten und Leidenschaften für die offne Muse mehr waren? Oder Redekunst des thatvollen, muthigen Herzens, wo keine Selbstwirksamkeit, keine politische Freiheit mehr war? Selbst die Geschichte gerieth in Fesseln, und Alexander hat für seine Thaten keinen Xenophon, oder Thucydides gefunden, weil zu beiden es gehörte, daß kein Alexander da sein mußte. Die Kunst blühete hie und da, und dann und wann an Höfen: diese waren aber Treibhäuser und nicht mehr Gärten der Natur. Die Komödie verfeinte sich mit Menander, eben weil sie sich jetzt an feinen Spiel begnügen konnte. An Ptolemäus Hofe gabs ein Siebengestirn von Dichtern, die aber auch der Größe nach ein Siebengestirn waren. Der einige Theokrit, der sich ins Schäferleben, von welchem immer Reste alter Unschuld und Wahrheit überbleiben, zurück verirrete, fand einigermaaßen eine wahre Sphäre: den andern fehlte es offenbar an Inhalt, Muse, und an freiem, lebendigen Raum zu wirken. Die Dichtkunst wartete im Vorgemach

auf,

auf, sie schnitzelte Becher und Blumen, wenn sie nur gefallen konnte, oder suchte durch Kunst, durch Zwang, durch Schmeichelei und Gelehrsamkeit ihren Mangel zu ersetzen, das ist, Alles zu verderben. Selbst die griechische Sprache verfiel, da sie in andre Länder wanderte; und die Länder, wohin sie wandern muste, waren leider Asien und Aegypten, in denen so viel Schwärmerei, so manches süße Gift keimte. Bis ins Herz von Persien und Indien waren Griechen verstreuet. Geistige, überspannte Ideen der Perserphilosophie und des neuen Hellenismus gährten also vom Caucasus bis nach Lybien zusammen: der griechische Geschmack verlor sein Anschaubares, seine schöne Sinnlichkeit and Reinheit; ja er wäre ein Ungeheuer geworden, wenn er nicht bald durch etwas anders verdrängt wäre. Der naturvolle Charakter der Griechen war aber nicht bestimmt, bis zum Ungeheuer erniedriget zu werden, er erhielt sich, auch in seinem Verfall, noch Spuren voriger Schönheit. Noch bis auf den heutigen Tag, haben die

Grie-

Griechen eine Anlage zum guten Geschmack von Natur: Leichtigkeit und eine feine Organisation, insonderheit Lust und Freude bewahren sie vor der Unnatur, der Pest des guten Geschmackes. Man sieht aus allen Nachrichten, daß nur der Genius einer schönen Zeit, die vielleicht nur Einmal in der Welt gewesen, von ihnen gewichen ist, und mit dem glücklichen Zusammentreffen von Umständen schwerlich je wieder kommen dürfte. Kurz, der griechische Geschmack war die schöne Nationalblume ihrer freien Wirksamkeit, ihres schönheittrunknen Genie's, ihres hellen, treffenden Verstandes; als der schönen Blume Boden, Saft, Nahrung, Aether fehlte, und verpestende Winde wehten, starb sie.

II. Die Römer drängten sich hart auf die Griechen; der Geschmack ist ihnen aber nie geworden, was er den Griechen war, weder Nationalsache, noch Element der Bildung. Man weiß, wie lange sie sich ohne Geschmack behalfen, ja ohne ihn groß und mächtig wurden, so gar, daß sich die alten, wahren Römer der Einführung des Geschmacks,

schmacks, als einer fremden, schädlichen Pflanze, widersetzten; die Griechen hatten sich, wie unter dem Gesange Amphions und Homers gebildet. Den Römern sind also auch die Produktionen des Geschmacks, die bei den Griechen Grundlage zu Allem waren, Kunst und Dichtkunst, nie wirksame Triebfedern geworden; die Dichtkunst entstand nur spät d. i. sie ward aus Griechischem Saamen in den Garten eines Kaisers verpflanzt, wo sie als eine schöne, müßige Blume dastand und blühte. Die Bühne (nach Aristoteles der Mittelpunkt wirksamer Dichtkunst) hat bei den Römern nie ächte Wirkung gehabt: die Kunst eben so wenig; ihre besten Dichter waren Versificatöre, d. i. Philosophen, Redner, oder gar Schmeichler in Versen. Gleich hinter der schönsten Dichterperiode konnte, sobald sich zwei Augen schlossen, auf Einmal der falsche Geschmack einbrechen; welches, wenn Dichtkunst, Kunst, und guter Geschmack ein Nationalmedium der römischen Denkart gewesen wäre, nie hätte seyn können. Daß aber der Geist eines Horaz und

Vir-

Virgils mit nichten Geschmack des Publikum gewesen, dies zeigt des Horaz Brief von der Dichtkunst mit seiner ganzen Seele. Troz aller Schmeicheleien der Dichter konnte August sein goldnes Rom nicht Einen Augenblick zum Athen in Absicht auf Geschmack und schöne Fühlung schaffen. — —

Redekunst und Geschichte waren die Nationalprodukte des Römischen Geistes, an denen sich ihr Geschmack bilden konnte, und an denen er sich auch tüchtig und stark den Griechen nachgebildet hat. Die ältesten Namen derer, die ihre Sprache übten, waren Geschichtschreiber: selbst Ennius schlug dahin, und die alten Tragiker gaben mehr Geschichte zur Anschauung, als Gedicht. Kato kam bald und gab einen starken Druck auf Bürgerredekunst und Geschichte, bis Livius, Cicero, Sallust, Cäsar den Geschmack, der etwa Römergeist heissen könnte, gleichsam feststellten. Die Dichtkunst blühete bei erster Muße des Staats jenen Früchten nach, und hat allerdings viel zur Bildung der Sprache und Philosophie der Römer beigetragen; nur aber als ein fremdes Gewächs, das eben nicht tief aus Römischem Boden sproßte, noch auch dahin einwirkte. Der Geschmack der Römer war Geschichte, oder ernste gesetzgebende Beredsamkeit, kurz That: so wie er bei den Griechen jene leichte Wirksamkeit gewesen war, die Allem eine schöne Sinnlichkeit und einen süßen Wohlklang anschuf.

So lange also in Rom Veranlassungen waren, den ächten Thaten- Rede- und Geschichtgeist zu wecken: so wuchs auch der feste Römische Geschmack. Die ersten Redner waren einfache, verehrte Obrigkeiten, Oberpriester, Feldherrn, Censoren: ihre Beredsamkeit war aus dem Herzen, ihr Wort war That und Muth. Die ersten Geschichtschreiber Roms waren Chronikschreiber voll Stadt- und Bürger- und Familiengefühls, voll That und Wahrheit. Väterliche Majestät und das Gedächtniß der Vorfahren belebten Alles. Aus dem Geist ist Rom erwachsen; in dem Geist konnten die Gracchen wüten, Kato donnern, Antonius

tonius fortreissen, bis Cicero sich endlich mit allem Wohlklange der Griechen schmückte. Thatvolle Rede war das Steuer, das ihr ruderndes Schiff lenkte, und Geschichte das weisheitvolle Reisebuch, darnach es gelenkt ward. Die Scipionen, Katonen, Sulla, Crassus, Lucullus, Brutus, Antonius, Pompejus, Cäsar waren Redner, Geschichtschreiber oder Freunde derselben: es war Geist des alten Roms.

Da dieser Geist wich und das republikanische Rom unter das Joch der Monarchie kam; so hoch auch die Blumen und Kränze dieses Jochs gepriesen wurden, so wenig konnte doch ein zierlicher August und ein spielender Mäcenas mit allen ihren Geschenken das ersetzen, woraus Römergeist geworden war; das siehet man sogleich nach Augustus Tode. Ein argwöhnischer, neidiger Fuchs, ein Ungeheuer über das andre waren nun schöne Auguste: und die Geschichte hats mit Blut und Thränen geschrieben, wozu jener ächte Geschmack, der Sohn des alten Römergeistes nun ward. Er ward als Re-

Rebell und Verräther angesehen: Ein Tyrann strafte den mit dem Leben, der ihm im Aeolischen Dialekt antwortete; der andre will den Homer verbannen; der dritte neuen Wörtern und Buchstaben das Bürgerrecht geben; der vierte dringt gereimte Verse und eine erbärmliche aber mit eigner Hand verfertigte Geschichte, als Muster auf: das war jezt statt Römergeistes und Römergeschmacks. Alles versinkt in Sklavenfurcht vor Lieblingen und Tyrannen: die wahre Geschichte schweigt und muß schweigen; wo irgend ein besseres Genie aufblickt, wenn es sich nicht wie Persius in ein unverständliches Dunkel hüllen will, muß es seinen bessern Geschmack und die Wahrheit mit dem Leben büßen. O ihr Mörder der menschlichen Freiheit, Unterdrücker der Gesetze des Staats und der Rechte Eurer Mitbürger, an welchen Gräueln der Nachwelt seid ihr schuldig! Wenn denn nun auch Ein August mit Ruhe, Geschmack und Milde zu regieren denkt, aber Tiberen, Caligula's, Claudius und Neronen in seinem Geschlechte Platz

macht,

macht, welche Folge von Unthaten und unwiederbringlichen Räubereien ruhet auf ihm!

Wo war nun die alte Römererziehung? jene ehrwürdigen Bilder der Vorfahren? die Freiheit, selbst den Censor und Diktator zu strafen? Das Leben in Geschäften, die Bildung für die Republik, Ehre und Werth im Wohl des Vaterlandes, die Macht darüber reden, rathschlagen, überreden, handeln zu dürfen — wo war das Alles itzt? In Ueppigkeit und Schande, in Furcht und Elend war Alles versunken, die Beredsamkeit staubigen Pedanten, die Erziehung den Sklaven, die Geschichte den Schmeichlern, das Wohl Aller dem Wink des Tyrannen und der Raserei seines Lieblings überlassen. — Das vortrefliche Gespräch über den Verfall der römischen Beredsamkeit spricht hier, statt meiner, als Richter und Zeuge.

Man denke nicht, daß dies Zeitalter kein Gefühl seiner Krankheit gehabt habe, wie man ihm oft vorzubuchstabiren pflegt. Eben das genannte Gespräch über den Verfall der Beredsamkeit, desgleichen Quintilian u. A.

 ent-

entdecken die Quellen dieses Verfalls mit bittrer Empfindung. Wer hat mehr und stärkere Stellen vom einreissendem übeln Geschmack, als Petronius? Plinius sagt treuherzig, daß die natürlichsten Stellen seiner Rede, die ihm die wenigste Mühe gekostet hätten, auch die wirksamsten gewesen sein. Selbst in Seneka sind Klagen über den Verfall des Geschmacks häufig, und Persius, Martial, Juvenal machen ja eben das zum Gegenstande ihrer empfindlichen Geißel, was ihnen doch oft selbst anhängt. Wie anders ists aber, ein Uebel bemerken, und es ausrotten; die Pest fühlen und ein ganzes Land von der Pest heilen.

Noch weniger glaube man, es habe den Leuten von Geschmack (wie man das Wort in einem schwatzenden Zeitalter nimmt) damals an Speise und Trank, an Dach und Fach gefehlet. Tiber hielt sich ja seine Akademie von Grammatikern, denen ers einst an einem Morgen antrug, eine Barbarei seines Mundes in ihre Schriften aufzunehmen, und also viel gnädiges Zutrauen zu seiner Akademie hegte. Claudius schrieb Bücher, eine Schutzschrift für den

Cicero sogar, und hieß also gewiß ein Herr von Geschmack. Er sprach in Versen, erfand Buchstaben, erweiterte das Museum zu Alexandrien; er hieß also gewiß ein großer Beförderer der Wissenschaften. Nero raubte aus Griechenland alles Schöne, das er wegbringen konnte; er war also ein großer Liebhaber des Schönen und bereicherte Rom mit den schönsten Denkmalen der Kunst. Der sparsame Vespasian gab den griechischen und lateinischen Rhetoren Pensionen. Domitian ehrte den Quintilian, daß er sogar die Gnade hatte, ihm die Erziehung seiner Prinzen anzuvertrauen. Trajan schrieb an den Plinius wie Freund an Freund, und ließ jungen Leuten von Hoffnung nach ihrem Tode Statuen setzen. Der bereisete Hadrian war Kenner, Dichter, Gelehrter, Künstler: an seinem Hofe gabs Atellanische Spiele, Komödien, Rhetoren, Poeten, Geometer, Philosophen, denen er nach ihrem Tode selbst Grabschriften schrieb u. s. f. — Ferne, daß wir Ein einziges Goldstäubchen verunglimpfen wollten, das je vom Thron in die Harfe Eines Dichters, auf die Schrift Eines Weisen gestreuet worden; das Körnchen Goldstaub

 macht

macht aber nicht Alles: vielmehr kanns die Harse dumpf machen und der Schrift Farbe, Leben und Kraft nehmen. Nichts in der Welt kann ohne Anlässe und Triebe, ohne Wahrheit und rufendes Bedürfniß werden, was es werden soll; am wenigsten die edelste Gottesgabe, Geschmack und Genie. Nehmt diesen Baum, aus seinem Klima und Erdboden, aus seiner freien, hohen, wilden Luft, und pflanzt ihn in die enge Luft des Treibhauses; er ist dahin, wenn er auch dem Scheine nach kränkelnd da steht. Futtert dies kostbare, fremde Vieh ausser seinem Element, ganz umsonst in öffentlichen Gebäuden; es stirbt, trotz Speise und Trank, oder wird fett und abgeartet. Es pflanzt sich gar nicht, oder äußerst mühselig fort, und ist langen, lebendigen Todes vermodert. So wars mit dem römischen Geschmack, da auch Er gefuttert werden mußte.

Traurig ist die Bemerkung, aber wahr, daß sobald der Geschmack sein lebendiges Element verloren hat, ihn auch einzelne Regeln und gute Bemühungen nicht herstellen können. Quintilian predigte um-

sonst;

sonst; Plinius und Tacitus in der kleinen bessern Zwischenzeit, auf die sie trafen, blieben immer noch sehr fern von der alten Kraft und Einfalt. Die Ursachen davon ergeben sich aus ihren Werken. In einer eigen angelegten Lobrede, wenn es auch auf einen Trajan wäre, kann sich so wenig ächte Römerberedsamkeit zeigen; als in Briefen, die man fürs Publikum schreibt und sammlet, der ächte Briefgeist, gleichsam der Spiritus familiaris unsres Lebens athmen kann. Des Tacitus tiefsinnige, überladne Kürze ist offenbar nur zur Bedeckung seiner und seines Zeitalters Mängel. Wäre die Geschichte noch eine so offne, gemeine, republikanische Sache gewesen, als sie zu Sallust und Livius Zeiten war: so würde er gewiß nicht so raffinirt haben. In einer Republik, in der jeder am Ganzen Theil nahm und keiner solche Winkelzüge kannte, wäre er mit seinem Roman tiefer Bosheit und Staatsgeheimnisse verachtet oder verlacht worden; er hätte ihn aber auch nicht geschrieben. Jetzt aber, da er alles aus fernen Zeiten der Tyrannei, der List, des Ohrenblasens herholte,

nahm

nahm auch seine Geschichte unvermuthet die Gestalt der Zeiten an, die sie beschreibet. Sie flieht die offne Einfalt und liebt das Zulispeln des Harpokrates, mit dem Finger auf dem Munde, d. i. einen vieldeutigen, verborgnen und zusammengesetzten Charakter. Tacitus schreibt über schwarze, argwöhnischen Zeiten auch argwöhnisch, schwarz und mit philosophischer Galle. Der liebe Quintilian schrieb seine Institutionen für seinen eignen Sohn aus Herzensgrunde; er konnte aber nicht ohne Wind segeln, er war Deklamator und Sachenführer statt eines Römers und Redners. Seneka wollte sein Zeitalter übertreffen, und übertrafs in spitzfindigem Scharfsinn und süßen Fehlern. Sein Weiser und freiwillig Armer wohnte in Pallästen: seine Moral flog in Lüften, denn sie hatte auf der Erde keinen bestimmten Raum zu wirken. So wars mit den Produktionen, die noch näher am Zeitgeist hingen; die andern, die jenem als Zierrath folgten, konnten noch leichter des Weges verfehlen. Wie Seneka, der Tragiker, die Windsucht hat, weil er nämlich auf keiner Bühne eigentgentlich wirken konnte, was Sophokles in Athen gewirkt hatte; so hat Lukan's Muse die Wassersucht, weil seine Zeit wohl keine Heldenzeit war. Juvenals Satyr ward ein starker Waldfaun mit blutiger Geißel, weil der kleine, leichte Satyr des Horaz jetzt nicht mehr taugte. Persius, voller Genie, ward mit seiner Satyre, was Tacitus mit seiner Geschichte damals geworden wäre, und Silius betete Virgils Statue an, ohne seinen Dämon aus ihr zu erobern. Martial endlich pflückte unten am Parnaß, wenn auch in Morästen und Schandpfuhlen Blumen; das beste und leichteste, das er für sein witziges, üppiges Zeitalter thun konnte: denn oben in den Sturm hinauf, wars zu weit, auch zu gefährlich. Ueber das Alles läßt sich nichts sagen, als Fluch auf die Tyrannen, die mit den Kräften menschlicher Thätigkeit auch jeden edeln Schwung des menschlichen Geistes fesseln.

So schleppte sich die Zeit hinunter, bis die Barbarn andrangen, und sich allmälich schon Sprachen, Sitten und Denkarten mischten.

ten. Im großen Römischen Reich waren überall fremde Kriegsvölker: die Provinzen drängten sich mit Bürgerrecht uud ohne Bürgerrecht und ohne Bürgergesinnung ins üppige Rom, ins erschöpfte, verlassene Italien: es ward also eine Sprachenverwirrung. Die Kaiser liebten Barbarische Tracht und Barbarischen Geschmack; die Römische Ueppigkeit hatte schon, der Griechischen Einfalt müde, das Ungeheuer des Aegyptischen Geschmacks lange geliebet: unter den dreißig Tyrannen goß sich auch aus Asien ein verdorbner Geschmack hinüber; es ward also ein Taumelkelch von Sitten und Denkarten, wie von Völkern im römischen Reich. Die Griechen verstanden unter Commodus den Homer nicht mehr, und die lateinische Sprache neigte sich zur Rustica Romana: Alles ging endlich in die große Barbarische Fluth unter. Zufälliger Weise trug von den Zeiten Hadrians und der Antonine an die Christliche Religion auch ihren Theil zum allgemeinen Verfall bei: Denn da die Muster des alten, ächten Geschmacks mit dem System der Abgötterei verbunbunden waren, so musten die Christen, wenn sie wider dies stritten auch jenen zu schaden oder zu entweichen scheinen. Mit Götzentempeln verödeten sie auch schöne Gebäude, mit Götzenbildern auch schöne Statuen, und das Gift der Abgötterei schien ihnen auch im Honig der Dichtkunst ein zu gefährliches Gift. Ihre Religion sollte die Welt zu einem höhern, unsinnlichen System läutern; vorerst ging also auch Vieles von der schönen Sinnlichkeit unter, bis endlich die Barbarische Form Alles faßte.

Der Verfall des **Römischen Geschmacks** hat also eine **simple Geschichte.** Dieser war aus Griechenland her und in Rom lange ein Fremdling: er hielt sich so lange, als es Boden und Luft und Wartung erlaubten; und während der Zeit nahm er eine harte, festere, die Römische Gestalt an. Sturmwinde rissen bald, wie Alles, so auch diese Pflanze aus der Erde, sie hielt eine Zeitlang am obern Rasen, unter zufällig guten Umständen, und insonderheit an den Resten der wirklich großen Form Roms und ihrer vortreflichen Sprache: aber nur noch mit weniger Kraft und Wirkung.

kung. Der Römische Geschmack war nur die kurze Blüthenzeit gewesen, da Rom sich in seinem Thatengeist zuerst mit sichrer Ruhe und Majestät fühlte; Parteiengeist Ueppigkeit und Sklaverei vertilgten bald die schöne, dem Staat minder wesentliche Blüthe. Wehe also Uns, wenn der Wunsch unsrer Grammatiker einträfe, die von keinen Mustern der Geschichte des Geschmacks als von den gewöhnlich figurirenden Römischen Zeitaltern, dem goldnen, silbernen, ehernen u. dgl. wissen. Des völlig Zufälligen, daß nie wieder kommen kann, zu geschweigen, weissagen sie uns damit eine schleunige Verderbniß, Pestilenz und Tod auf den Rücken; das ihnen denn freilich nichts thäte, sobald man dabei nur Latein spräche.

III. Im neuern Europa ist man gewohnt, Leo dem Zehnten und den Medicis die Wiederherstellung des guten Geschmacks zuzuschreiben, und nichts ist wahrer als dies, wenn man dabei nur Genie und Geschmack unterscheidet. Die Genie's, die die Italiänische Sprache in Dichtkunst und Prose gebildet hatten,

hat-

hatten auf die Medici nicht gewartet; sie hatten in trübseligen Zeiten das Werk ihres Berufs gethan, und auch noch zu Leo's Zeiten wurde nicht Ariost, das große Genie, sondern die Lustigmacher und Lateinischen Nachahmer belohnet. Da nun bekanntermaßen die Wiederhersteller der Wissenschaften und Künste, **Lorenz von Medici, Politian, Bembo, Casa, selbst der große Michael Angelo, da Vinci** u. s. w. allesammt **Petrarchisten,** und zwar zum Theil mit unter den mittelmäßigen Cinquecentisten waren: so **sieht man, die Wiederherstellung des guten Geschmacks hatte längst im Verborgnen gearbeitet,** ehe diese sogenannte goldene Zeit kam. **Petrarca, Dante, Boccaz, Cimabue, Giotto hatten längst gewirket; auch war in allen dunkeln Zeiten das Schöne und die Kunst nicht so ganz weg gewesen von der Erde,** wie man oft **wähnet; aber die Mischung der Barbarischen Ideen hatte sich zu tief und zu weit verbreitet, als daß sie plötzlich verschwinden konnte. Der Strom des guten Geschmacks floß hinter einer so tiefen Vorburg** unter der Erde, daß er erst nach vielen vergeblichen kleinen Ausbrüchen im Ganzen vorstreben konnte, als es das Schicksal wollte. Und auf diesen Zeitpunkt, da Griechenland wieder nach Italien kam, trafen die Medici, und machten von dem, was in den dunkeln Jahrhunderten gesäet war, Erndte.

Weiß man also, was der Geschmack des Zeitalters war? woraus er sich bildete? neu bildete? wornach er strebte? so weiß man zugleich die Ursachen seines Verfalls. Die unvollkommne Genesis selbst schloß diese schon in sich.

Man fand die Alten wieder, reinigte und glättete nach ihrem Muster die Sprache, ahmete ihren Vortrag und ihre Kunst nach — eine schöne, beneidenswerthe Periode! Nur das feine, scharfsinnige, unter vieler Leidenschaft noch stille, tiefe Genie der Italiäner konnte seine Vorahnen und die Lehrer derselben also nachahmen! Wenns aber nur Nachahmung war: wie lange konnte das dauren? Bis es nachgeahmt war und man nun nicht mehr nachahmen konnte oder

woll-

wollte. Das Werkzeug war polirt, nun hing man es auf, oder zerbrachs, oder ließ es rosten, um es aufs neue poliren zu können; — das ist, dünkt mich, die Geschichte des Italiänischen Geschmacks.

Bei den Griechen war der Geschmack Natur gewesen, ein Bedürfniß, eine Angelegenheit, wozu sie zu gewissen Zeiten und unter gewissen Umständen Alles einlud; bei den Römern, obwohl in kürzerer Frist, und auf eine eingeschränktere, unvollkommenere Weise ebenfalls. In Italien jetzt ungleich weniger, als selbst in Rom. Die Alten nachzuahmen, damit sie nachgeahmt würden, und weil sie nachzuahmen, doch schön sei, ist ein zu kalter, bebender Zweck. Sich von einem feinen freigebigen Kenner der Kunst belohnen zu lassen, noch ein kälterer. Mit den Alten zu wetteifern, ja sie neben ihren Werken zu übertreffen, wollte mehr sagen; ward aber von den wenigsten gesucht und konnte nicht gesucht werden, weil nicht dieselben lebenden Antriebe da waren, die die Alten gehabt hatten, und doch

 im-

immer die neuere Kunst nur bestimmt war, ein Kranz der Alten zu sein. Wozu z. B. die den griechischen Göttern und Helden nachgeahmten Bildsäulen itzo? Etwa um Allegorien, Tugenden, Päpste, biblische Personen vorzustellen? war das im mindsten mit der griechischen Kunst vergleichbar? Der Künstler ward also nicht befeuert, der Lauf der Kunst nicht von lebendiger Geschichte, noch von edeln Bedürfnissen des Volks fortgestoßen; also auch nicht durch solche bestimmt und in Schranken gehalten: und siehe, darin lag schon der Verfall der Kunst. Wenns nur Nachahmung war, so durfte man auch nicht, oder nur bis zu einem gewissen Grade nachahmen, d. i. man durfte ausschweifen, wohin man wollte. Weder Religion, noch Geschichte, noch Staat, noch der lebendige Geschmack des Volks gab einen engen, starken Trieb und diesem Triebe regelmäßige Schranken; die Kunst schwebte also wirklich in der Luft oder beruhte nur auf einem Hauche, in dem guten Willen des Künstlers und seiner Belohner.

Selbst die Künste, die eine nähere Bestimmung für ihre Zeit hatten, Malerei und Baukunst, bezeugen, was ich sage. Allerdings fanden sie im Staat und in der Religion mehr Gegenstände, Bedürfnisse und Anwendung, als die Bildnerei; noch aber konnten sie sich an sichrer Natur mit den Griechen nicht vergleichen. Nachahmung lag doch nur zum Grunde, nicht etwa ein ursprüngliches, Erstes, dringendes Bedürfniß. So lange also die vorstehenden Muster noch Reiz genug hatten, um Liebhaberei und Nacheiferung zu erwecken, wurden sie nachgeahmt und im ersten Feuer der Nacheiferung sehr glücklich. Als der Nachahmungen zu viel wurden, und selbst die glücklichen Nachahmungen schon verzagt machten: war es allerdings ein stumpferer Stachel, sich hinter hundert Nachahmern, vielleicht als der hundert und erste, blos leidliche Nachahmer aufgestellt zu sehen; man suchte sich also durch Originalität, d. i. durch Keckheit zu unterscheiden. Die Kunst hatte keine neue, zum Guten und Bessern dringende lebendige Zwecke, und

 ge-

gerade was den Ersten Malern geholfen hatte, das Licht der Neuheit, schreckte jetzt ab, oder verführte. Man sah selbst das Schöne in seinen frappanten Zügen nicht mehr, weil man es zu oft sah; die gesättigte Henne ging über die Körner weg und hackte nach Farben. Es war nichts als Mangel des Bedürfnisses am guten Geschmack, wodurch der gute Geschmack verdarb, und ein schlechterer aufkam.

Die schöne lateinische und griechische Sprache waren als Werkzeuge des Schönen in der Wissenschaft freilich viel; was sind aber Werkzeuge, sobald sie selbst Zwecke werden? Wenn Bembo die Venetianische Geschichte Römisch schreibt, die doch nicht Römisch gedacht und geführt war: wenn der Kardinal sich scheut, die Vulgate seiner Kirche zu lesen, um sich seinen Stil nicht zu verderben, und seinen allerheiligsten Vater selbst als einen Römischen Grammatiker schreiben läßt, in dessen Qualität er doch nicht Briefe eines solchen Inhalts schreiben konnte: so sieht man das Spiel, die Disproportion zwischen

Zweck

Zweck und Werkzeug, den phantastischen Zwang. Und alles Spiel, aller Zwang, alle Phantasterei muß sich bald selbst auflösen. Ueber solche schöne Nachahmung der Alten ohne ihre Gedanken und Sitten war nun nichts möglich, als todte Gelehrsamkeit, Buchstabenkram, Akrosticha, und Anagrammen, die also auch alle folgten. Das siebenzehnte Jahrhundert folgte aufs sechzehnte, und noch unterliegt Italien, einem großen Theile nach, solchem Wuste. Die Samenkörner des guten Geschmacks sind in ihm aufgeschüttet; sie können also nicht Früchte tragen.

Der Verfall der Dichtkunst hat eben den Weg genommen. Da sie ganz Idealisch war und am Geist der Zeitbedürfnisse und Zwecke so wenig, als möglich, hing: so gerieth ihr nächster Schritt immer ins Land des Abenteuers und des Uebertriebnen. Das Jahrhundert des wieder erweckten griechischen Geschmacks, der doch überall auf Natur, Richtigkeit und Wahrheit führte, konnte daher neben allen den hohen

Mustern und vortreflichen Nachahmungen von elenden Petrarchisten wimmeln, ja die Nachahmer der Alten waren dies oft selbst; ein deutlicher Beweis, wie untief der damalige Geschmack war, um die ganze Natur und Seele in Allem, und für alles griechisch zu bilden. Ariost kam und bauete ein Zauberschloß mit hundert Pforten in der Luft: denn einen Nationaltempel auf festem Boden konnte er nicht bauen; was drüber ging, ward natürlich Fratze und Mährchen. Tasso ahmte im Lande der Phantasien kalt nach: Marino übertrieb — es konnte nicht anders werden. Ein Englischer Kunstrichter meint, man könne sich den Geschmack an Nichts so leicht, als an Italiänischen, zumal Liebes- und Schäfergedichten verderben, und ich weiß nicht, ob er ganz Unrecht habe? Die wirksamste und natürlichste Dichtungsart, das Trauerspiel, hat daher in Italien nie Kräfte gewonnen: der Wälsche schwebt mit seiner Musik, mit seiner Kunst, und auf gewisse Art selbst mit seiner Dichtkunst in der Luft, in einem Ideale, das ihn nie auf festen Boden kommen läßt. Der Grund davon, daß er nicht weiter kommt, ist, weil er schon so weit kam, und nichts ihn dringet, etwas anders zu werden.

So traurig dies auf der einen Seite scheint, so ists auf der andern wiederum ein gutes Werkzeug in den Händen des Schicksals. Eben, weil die Italiäner nur fanden, nur nachbildeten und nachahmten, dies aber auf eine Weise thaten, wie es keiner thun konnte, so idealisirten und imitirten sie, zwar nicht enge und tief gnug für sich, aber gewissermaaße für ganz Europa. Sie haben alle Nachbarn gebildet, und die Samenkörner des Geschmacks über sie gestreuet: Ariost bildete Spenser, die Italiänische Satire den Rabelais, die Novellen den Shakespear: die neue politische Philosophie der Italiäner kam mit bittern Folgen zuerst nach Frankreich und von da weiter. Karl der fünfte, und Franz der erste eiferten an Kunst und Geschmack mit Italien und unter einander. Die Nachahmer der lateinischen Sprache keimten in allen

Landen: Italien sollte durch seine Lage und durch alle seine Schicksale eine Vorraths-kammer der Materialien des guten Geschmacks für alle Welt werden, und ists geworden.

IV. Ein neues Zeitalter des Geschmacks kam unter Ludewig XIV. wieder, auf das sich, mit Rücksicht auf die Verschiedenheit der Umstände, anwenden läßt, was bisher bei andern Nationen ist bemerkt worden. Wie jene war es durch Genie's lange vorbereitet worden: Rabelais und Montagne warteten auf keinen Ludwig; Corneille hatte Richelieu und die Akademie gegen sich; selbst die stärksten Genies unter Ludwig waren nicht von der Hofsekte: Paskal, Fenelon, Rousseau, la Fontaine; und Racine hätte es weniger sein dürfen. Nicht also Genie, aber Geschmack konnte Ludwig wecken, da er auf und hinter ein Zeitalter der Genie's traf. Um ihn lebte Anstand, Thätigkeit, Glanz und Würde. Zu ihnen also bildete sich die Sprache; so handelte Ludwig und jeder ihm nach in seinem Kreise:. eine Form der

Eleganz nahm also der Geschmack in allen seinen Aeusserungen an. Die Beredsamkeit, die nicht mehr fliegen konnte, regete wenigstens mit Anstand ihr Gefieder: das Theater, das nicht mehr wirken konnte, ward eine Bühne der Sitten, des Anstandes, der Philosophie, des Heroismes im Scheine. Die Künste, die keine Nationaltriebfeder mehr sein konnten, dienten dem Stolz des Königes und seinen Thaten. Wer nicht dichten konnte, machte schöne Verse, und wer nicht Geschichte schreiben konnte, deklamirte schön und zeichnete historische Gemälde. Die Sprache, der ihre Stärke, ihr Reichthum ihre Fülle längst dahin war, bildete sich zum Ton der Gesellschaft, der Richtigkeit und des Wohlanstandes. Das war die Farbe vom Zeitalter Ludwigs, die seinen Quellen völlig gemäß war.

Die Verderbnisse musten bald aus eben der Quelle kommen. Wenn die Wurzeln des Geschmacks nicht tief im Bedürfniß der Nation, in der Beschaffenheit ihrer Sitten lagen, wenn offenbar

Lud-

Ludwig keinen Geschichtschreiber seines Reichs hatte und haben konnte, wie Xenophon, und Livius gewesen waren; wenn sein Theater der Nation das unmöglich seyn konnte, was das Theater in Athen war oder sein sollte; wenn sein Bourdaloue weder gegen, noch für ihn zu reden hatte, was Demosthenes gegen den Philippus für Athen sprach, und wahrscheinlich kein Grieche bei Bossuets erhabnem Madame est morte! Madame est morte! in Thränen zerflossen wäre: so wird offenbar, daß der glänzende Gesellschafts= der edle Hofgeschmack, der damals allein regierte, sich auch als solcher, bald verderben muste. Dasselbe Publikum, dieselben aufgeklärten und witzigen Kreise, die einst der Sprache Leichtigkeit, Reinheit, Anstand, verschaffet hatten, gaben ihr auch gar bald einen kleinfügigen Witz, Spitzfündigkeit, und den elenden Geschmack durch Wendungen zu frappiren. Man verließ also, wie Fenelon, St. Mard, Racine und wer nicht mehr? klagen, die simple Größe, die unzerstückte,

zwang=

zwanglose Natur, die edle Einfalt, und zerlegte den Gedanken so fein, so manierlich neugesagt und artig, bis kein Gedanke mehr da war. Was den Römern Seneka gewesen, ward Fontenelle: la Motte ward Petron: der jüngere Crebillon mit seinem unerschöpfbaren Mährchenwitze brachte aus seinen Gesellschaften eine Sinesische Puppe hervor, die üppig, fein und klein ist: Marivaux zerlegte die großen Charakterbilder des Moliere in Miniaturgemälde voller Sentimens. Die Akademie des guten Geschmacks lieferte, was sie liefern sollte, Komplimente; das Feld des Hofgeschmackes konnte nichts anders erzeugen. Unglückliche Schicksale der Regierung, von der zuletzt doch Alles abhing, kamen dazu, die natürlicher Weise Alles sehr störten. Und da das Beste, das hervorgebracht ward, auf der Meinung eines engen Publikum, d. i. eines ausgesuchten Kreises sogenannter Kenner schwamm; so mußte das garstige Ungeheuer, Kabale, den Geschmack hier mehr verengen, aufhalten und verderben, als irgendwo, und jemals in andern Zeiten. Die üppige

Er-

Erziehung, die Lebensart der Hauptstadt drang, weil Alles auf einem Modegeschmack beruhete, bis auf Richter und Richterinnen, also auch auf Verfasser und und Künstler hin; viele andere Sprößlinge zu geschweigen, die alle aus derselben Wurzel kamen. Ein Geschmack ist übel dran, so bald er nur Gesellschafts- oder Hofgeschmack seyn kann und darf: gar bald wird er schwach; und da er dem Publikum vorgehn soll, bleibt er hinten.

Die größesten Männer nach der Zeit, sehn wir, mußten diese alten Vorurtheile durchbrechen, um nur freiere Luft zu athmen. Rousseau rief, wie aus der Wüste, hervor; und hätte dies nicht thun dürfen, wenn die Gegenseite nicht gar zu blühend gewesen wäre. Montesquieu, wie des Horaz Marcellus, erwuchs als ein edler Baum, allein auf seinem Raume; und noch hätte er manches nicht durch Esprit ersetzen wollen, wenn er seinen großen Gegenstand bestimmter hätte umfassen dürfen. Voltaire endlich ward wie Kolumbus groß, daß er außer dem Jahrhunderte Ludwigs noch Eine

Welt

Welt glaubte. Er schifte ins Land der Feinde seines Nationalgeschmacks, nach England hinüber und raubte Einen Brand von ihrem Feuer: er bildete sich außer den schönen Kreisen von Paris inter discrimina rerum und ward Voltaire. Das Land, das mehrere Muster von Leichtigkeit, Anstand, Richtigkeit (*) und Klarheit für ganz Europa aufgestellt hat, hat sich selbst vielleicht auf eine Zeitlang tiefe Originalempfindung erschweret. Das Licht ist in lichten Schimmer umher verbreitet, und flammt also in keine helle Flamme auf. Man steht zu dicht unter den Bildsäulen voriger Zeiten und liefert ihnen nur Postemente. So hatten die Ursachen des Geschmacks in Frankreich auch Samenkörner seines Verfalls in ihnen selbst.

Und nun gehe ich aus Bescheidenheit nicht weiter. Wir haben an den vier verschiedenen Perioden des Geschmacks gnug gesehen, um die Wahrnehmungen in ihnen zu erkennen, dazu wir sie durchlaufen sind. Nehmlich:

Zeit

(*) Précision.

Zeit des Geschmacks, sehn wir, ist unter allen Gestalten eine Folge der Kräfte des Genies, wenn diese sich ordnen und regeln. So verschieden also die Zeiten sind, so verschieden muß auch die Sphäre des Geschmacks seyn, obgleich immer Einerlei Regeln wirken. Die Materialien und Zwecke sind zu allen Zeiten anders.

Kann nun keiner der Menschen Genies schaffen (sie keimen aus höhern und mehrern Veranlassungen oft sehr mißlicher Umstände hervor): so, sieht man, sind auch die goldenen Zeitalter des Geschmacks nie ganz Eines Menschen Wille. Sie folgen und richten sich nach jenen. Sie sind in der Geschichte des menschlichen Geschlechts, wie die konsonen Puncte der Saite: es müssen Dissonanzen zwischen liegen und auf jenen heben sich diese.

Mithin wird das Räthsel erklärt, warum die großen Männer immer zusammen leben, was sich aus mechanischer Nacheiferung, Belohnung, aus dem Klima u. dgl. nur äusserst unvollkommen auflösen läßt; sie sind nämlich alle insgesammt nichts als der konsone

Punkt

Punkt Einer Saite. Die Dissonanzen sind erschöpft, die Zeitalter halber und ganzer Barbarei, leerer Versuche, über einander gestürzten Riesenarbeiten sind vorbei: man fängt an natürlich zu ordnen, mit offnen Augen umherzusehn und mit geregelten Kräften zu wirken; die menschliche Seele kommt in den Wohlklang. Da sind denn alle Künste vergeschwistert, sie folgen schnell und bald auf einander, und sind im Grunde nur Eine Kunst. Da fehlen sodann weder Mäcene noch Maronen; in einem gewissen Kreise auch sehr verschiedner Beschäftigungen tönts konson.

Der Verfall des Geschmacks wird also auch solch ein Naturphänomenon, als seine Entstehung war, ja in dieser liegen schon die Anlagen zu jenem. Alles nähmlich unter dem Monde ist vorübergehend: lassen nun die guten Veranlassungen nach, so treten schlechte an die Stelle, und der Geschmack sinkt.

Wer also auf die Geschichte des Geschmacks wirken will, muß auf seine Veranlassungen wirken: er pflege den Baum nicht am Gipfel, oder an der Blüthe, sondern in der Wurzel. Wer eine goldne Zeit schaffen will, schaffe erst Veranlassungen zu goldnen Zeiten: diese kommen von selbst. Wer den Geschmack bessern oder sichern will, schaffe die Ursachen des Schlammes weg, wodurch er sich trübet, oder sichre die Stützen, die sein Gebäude erhalten; sonst ist seine Arbeit vergeblich.

Je tiefer die Veranlassungen des guten Geschmacks liegen: desto wahrer ist auch seine Natur, desto fester und länger seine Dauer. So wars in Griechenland, wo der Geschmack Nationalblüthe war, und zu gewisser Zeit unter den Edeln in Rom. Das alte Griechenland ist nie wieder gekommen; also hat auch der Geschmack nie mehr so tief gefasset, so lange gedauret. Bei uns ist er nur immer auf der Oberfläche der Nation gewesen.

In der Natur ist aber nichts müßig: Kräfte gehn nie verloren: alle Zerstörung ist nur scheinbar. So auch mit dem Geschmack: er ist nur Phänomenon und kann

nur

nur als Phänomenon leiden. Das Uhrwerk der Natur wirkt gleich weiter fort zum Guten: denn nur das Unvollkommene, das Eingeschränkte (wie diese ganze Geschichtabhandlung zeigt) zerstört sich: das gewirkte Vollkommene bleibt, wird immer lauterer und wirkt auf einer weiteren Fläche weiter. Selbst die neuerzeugten Fehler wirken ein höheres Gute: sie sind Dissonanzen zu einem höhern Wohlklange.

Nie also müssen wir, hinter dem, was gethan ist, stehen bleiben und verzweifeln. So lange die Natur Genie's weckt, bereitet sie auch Perioden des Geschmacks, und das geschieht in wechselnden Intervallen von Land zu Lande, von Zeiten zu Zeiten. Sind einmal die Spensers, Shakespears, Miltons einer Nation da; die Steele, Pope und Addison werden zu ihrer Zeit nicht ausbleiben. Vielleicht arbeitet Deutschland jetzt unter Trümmern und zerfallenden Riesenwerken einem Zeitalter des philosophischen Geschmacks entgegen, zu dem izt Alles, Fehler und Tugenden, Theorie und

Uebung, sie mögen noch so blind gegen einander stoßen, das Seine beiträgt.

Geschmack ist aber nur Phänomenon; und wie ihn die Natur höhern Zwekken untergeordnet hat, so sollens auch ihre Diener und Statthalter, die Menschen. Wer einen Menschen ans Kreuz schlägt, um ihn, der Kunst zu gut, sterben zu sehen, ist ein Bösewicht, und wer Rom in Brand steckt, um den Brand von Troja zu singen, ein Nero, der zuletzt doch als ein Narr und Verzweifelnder, qualis artifex pereo! sterben müßte, und in seinem Leben gehasset oder verlacht ward. Wir sind geboren, Glückseligkeit der Menschen zu schaffen; das Genie schaffet der Schöpfer, und aus mehreren Versuchen des Genie bildet sich der Geschmack von selbst. Wir müssen nur, wie Aerzte oder Hebammen (nach Sokrates Gleichniß), der immer schaffenden, bildenden, regelnden und wieder zerstörenden Natur folgen.

III. Folgen.

So voll von praktischen Lehren jede Geschichte bei jedem Schritt ist: so thuts insonderheit wehe, ein Thema dieser Art in unserm Zeitalter fahren zu lassen, ohne noch einige Blicke der Anwendung thun zu dürfen. Wenn sie nicht neu sein können: sind sie wenigstens nothwendig und nützlich.

I. Muß, wer den Geschmack am sichersten pflegen will, das Genie, d. i. Kräfte der Natur pflegen: so siehet man, ist Erziehung die erste Triebfeder des guten Geschmacks. Aber Erziehung mit Geschmack, zum Geschmack, die Ausdrücke haben gar zu viel Mißdeutungen und lächerliche Anwendungen, als daß sie nicht noch näher bestimmt werden müßten.

Zum Geschmack erziehen, heißt nicht (oder es wäre bisher Alles vergebens geschrieben) Geschmack predigen, über den Geschmack murren; sondern ihn zeigen, damit

mit an die Seele bringen, ihn von Jugend auf melodisch und thätlich lehren, oder mit andern Worten, in die Kräfte eines Zöglings mit sanft fortgehendem, nie nachlassendem Schwunge, Ordnung bringen, der Seele desselben einen hellen, freien und leichten Blick, seinem Herzen ein sanftes Gefühl des Schönen und Guten mit Vernunft und Wahl begleitet, geben: das ist so wenig Wort und so ganz Pädagogie, schweigende That und Führung, als Etwas sein kann. Die Seele soll in allen Kräften und Kraftanwendungen konson gestimmt werden, wie die Leier Apollo's. In Empfindungen, Sitten und Handlungen soll nicht weniger Geschmack herrschen, als in Kenntnissen der Phantasie oder des Verstandes: denn in Büchern und Schriftexercitien ist immer nur der Schatten des Rosses sichtbar, nicht aber das Roß mit allen seinen Kräften. Ist der Grund nicht tiefer gelegt, so reißt nachher eine heftige Neigung die Phantasie sowohl, als das Kunstgedächtniß hin; ist aber die ganze Seele gebildet, so muß der Geschmack

in

in jeder Kunst, wenn sie geübt wird, den andern gebildeten Kräften wohl folgen.

Wie schwer aber die Bildung des Geschmacks in einem verderbten Zeitalter werde, ist unsäglich. Dem Zöglinge kommen lauter Gegenstände vor Augen, die ihm immer den richtigen Wink und Anstoß verderben: das Bäumchen steht am Wege, wo jeder rohe Fuß darüber hinfährt. — Das ist auch die Ursache, warum wir mit aller Theorie nie ein Griechenland des Geschmacks aufwecken können. Klima, Sitten, Gebräuche, selbst geistige Zwecke widersetzen sich, und wollen die schöne Sinnlichkeit zerstören; unsre edelste Tugend selbst scheint sich ihren Schranken zu entziehen. Der Geschmack wird uns also immer eine subordinirte Sache bleiben müssen, die höherer Ursachen wegen, aufgeopfert werden darf; und bei den Griechen war sie ein natürliches Kleid, ja der Körper der Tugend.

Jede Mühe also, die auf Einigung des Geschmacks mit dem Verstande, der Lebensart und Gewohnheit angewandt wird,

 ist

ist unschätzbar; und hier kommt uns der vorige Grundsatz, daß nichts in der Natur vergebens geschehe, vortreflich zu Hülfe. Quintilian, der Lehrer des Geschmacks, strebte über sein Zeitalter hinaus: die alten Muster des Geschmackes noch mehr; Wahrheit und Tugendschöne ist wie das Sonnenlicht, unwandelbar, wirksam und erwärmend. Wären in jedem Zeitalter nur drei große und gute Männer, die mit vereinigten Kräften ganz wirkten, sie könnten Wunder thun, oder doch wie jene drei Gerechte eine Stadt vor dem völligen Verfall des Geschmacks und der Tugend sichern.

Mich dünkt, wir sind hierin an der Schwelle einer sich entwölkenden, heitern Zukunft. Wenn Vernunft auch in die Gegenden hindringt, wo man sonst nur mechanisch empfand, und anordnete, wenn diese Vernunft sich einst von ihrer Ueberspannung erholet, und (ein noch größerer Wunsch!) mit Neigung und Gewohnheit zum allgemeinen Geschmack des Lebens gattet; wohl alsdenn dem Namen der

Vor-

Vorwelt, der hiezu, und zwar in den tiefsten Quellen der Gewohnheit, Denkart, und Neigung, d. i. in der Erziehung beitrug. Ein besser erzogner Prinz, eine wohlgegründete, reinere Anstalt, eine schweigenthätige Niederlage des guten Geschmacks ist ein Tempel, der kommenden bessern Menschheit heilig!

II. Selbst die eigentlich so genannten **Werke des Geschmacks**, die Muster der Alten, können in der gewohnten Erziehung, diese auch nur als **Sphäre des Lernens betrachtet, oft die ärgsten Anlässe des Ungeschmacks, des Ekels und der Verführung werden**; ja was man an deren Stelle setzt, nimmt oft einen noch ärgern Ausweg.

Wenn ich einen Künstlerknaben Jahre lang am Werkzeuge schnitzeln lehre, daß er die Natur selbst nie einmal zu Gesicht bekommt: so ist er statt eines Bildhauers der ärgste Tagedieb geworden und hat dazu sein Werkzeug zerschnitzelt und auf immer verderbet. So gehts den Schulmeistern und Phrasesdrechslern bei Cicero und Homer. Nicht bloß, daß sie keine Homere und Cicerone bilden (dazu gehörte noch sehr viel); ihre arme Gefangne haben den Cicero und Homer selbst nie gesehen, ja sich an ihnen verekelt, um sie ewig nicht sehn zu wollen. Motten haben sie also gebildet, den Homer und Cicero etwa in Phrases zu zernagen; sie haben Buben gebildet, die statt zu malen, die Farbe vom Gemälde kratzen, oder die Paniere des guten Geschmacks zu Stangen brauchen, womit sie Vogelnester stören. Mitten unter Schönheiten der Alten wird sodann das Gefühl für die Schönheit verhärtet, und der Geschmack mit Gewalt gezwungen, daß er sich verwahrlose und nach elenden, kindischen, unsinnigen Zwecken laufe.

Die Gegenarznei, die diesem heillosen Ungeschmack entgegen wirken soll, hat Alles noch mehr verderbet. Realien solltens sein, womit die Jugend, als ein Kornboden überschüttet würde; und denn freilich kann sie nie ein blühender Pflanzgarten werden. Schon Bako hat geklagt, wie aus der Wissensenschaft nichts werden könne, wenn man in ihr nur immer das Nützliche, unmittelbar jezt Nützliche suche, und wenn dies bei der Erziehung selbst geschieht, so verliert dadurch ein ganzes menschliches Leben. Nicht Was, sondern Wie es die Jugend lerne, ist das Haupstück der Erziehung. Geschmack, d. i. Ordnung, Maaß, Harmonie aller Kräfte ist die Leier Amphions oder Orpheus, nach der sich Steine zum ganzen Baue beleben. Wer, unter welchen Vorwänden es sei, der Jugend die Werke der Alten aus den Händen bringt, (was er ihnen dafür auch von seinen Sächelchen in die Hand gebe, Encyklopädie, Lehrbuch, Regel, Realie), er kann den Schaden mit Nichts ersezzen. Das war Julians Kunststück, wodurch er seinen Feinden die tiefste Wunde schlagen wollte.

„Aber Genie! das Genie wird sich von „selbst bilden; oder der Geschmack und die „Werke der Alten können es gar verderben!“ Ein böser Dämon hat diesen Grundsatz erfunden, der die häßlichste Lüge ist.

Ein

Ein Genie, das der Geschmack verderben kann — fahre es hin! gut, daß es selbst verdirbt, statt es andre mit verderbe. Wer nach rechtschaffner Lesung der Alten (nicht, wie sie freilich meistens gelesen werden) schlimmmer ist, als er war, der sei schlimmer! an ihm ist nichts verloren. „Shakespear! Shakespear!" ruft man — und was denn Shakespear? Hatte Shakespear keinen Geschmack, keine Regeln? Mehr, als jemand; nur es war Geschmack seiner Zeit, Regeln zu dem, was **Er erreichen konnte.** Hätte er mit seinem Genie in den Zeiten der Alten gelebt, glaubt ihr, daß er den Geschmack mit Füßen würde von sich gestoßen haben? oder würde er dadurch schlechter geworden seyn, als er itzt ist? Aber freilich ists ein jämmerliches Wort, **Geschmack**, nach einem Kompendium, auf einer Eselsbrücke von Vorlesung über die schöne Natur, hergeplaudert. Der wahre Geschmack wirkt durch **Genie**, und ein edles Genie ist immer wie ein Stern im Dunkeln. Licht strahlt nur Licht ab, eine Sonne nur Sonne.

III. Aber endlich ist freilich die größeste, beste Schule des guten Geschmacks, das Leben. Wenn da giftige, unterdrückende Schatten stehen, wehe der zarten Sprosse! Wenn da Lustseuchen des guten Geschmacks herrschen, daß die gute Luft gar enge wird — wehe dir, rascher, begehrender Jüngling!

Wie Knechtschaft die Seele unterdrücke; wie die Begierde, reich zu werden, den Geschmack vergifte; wie endlich der Hunger nach Brot Alles Edle in den Staub trete und zerknirsche: darüber spricht Longin statt meiner.

Wie Ueppigkeit, Sklaverei, Scheu gegen Wahrheit, gegen Mühe, Verdienst und Ehre ein Abgrund sei, aus dem nichts Gutes erwachse: darüber klagt der Verfasser des Gesprächs über den Verfall der Beredsamkeit, mit edlem Römerherzen. Was hilfts, unfruchtbar nachklagen?

Wenn in manchen Ständen und Berufsarbeiten der Namen Geschmack noch ein Vorwurf ist: eilt hinzu, rottet die Dornen

nen

nen auch mit blutigen Händen aus, und der Geschmack wird über neue Provinzen herrschen.

Wenn alte Gewohnheit, Neid und Kabale sich mit Schwefelfackeln in der Hand vereinigen; wohl auch die Guten können sich vereinigen! Das Licht der Sonne ist stärker, als die Schwefelfackel.

Wenn verführende Muster des Geschmacks herrschen: sprecht ihnen entgegen, warnt eben an ihren Fehlern, oder vielmehr, wenn ihr könnet, sprecht mit der überwindenden Beredsamkeit des stillen bessern Musters.

Endlich da Freiheit und Menschengefühl doch allein der Himmelsäther sind, in dem alles Schöne und Gute keimt, ohne den es hin ist und verweset: so lasset uns mehr nach diesen Quellen des Geschmacks, als nach ihm selber streben. Er ist doch nichts, als Wahrheit und Güte in einer schönen Sinnlichkeit, Verstand und Tugend in einem reinen der Menschheit wohlanständigen Kleide. Je mehr wir also diese Humanität auf die Erde rufen, desto tiefer arbeiten wir an Veranlassungen, daß der

Ge-

Geschmack nie mehr eine bloße Nachahmung, Mode oder gar Hofgeschmack, auch selbst nicht mehr ein Griechisches und Römisches Nationalmedium, das sich bald selbst zerstöret, sondern mit Philosophie und Tugend gepaart, ein daurendes Organum der Menschheit werde! Multa, tum, et altiora renascentur, quam quae cecidere!